我讨厌的10种好人

私の嫌いな10の人びと

[日] 中岛义道 著

黄悦生 译

文化发展出版社
Cultural Development Press

目 录

第一章　经常面带笑容的人　1

　　经常面带笑容的人令我反感　2
　　"笑一笑，笑一笑"　4
　　故作开朗　6
　　面带笑容的女人和面带笑容的男人　10

第二章　不忘感恩的人　15

　　要求别人感恩的人　16
　　对自己的"非社会"改造　18
　　勘三郎继承师名　24
　　"一切为了国民"的思想　28
　　质疑日本传统商人道德　30
　　"要发火就回家发去！"　33
　　现代日本社会没有"表达的自由"　37
　　给毕业生的临别赠言　42

第三章　想看见大家高高兴兴的人　47

　　过分的要求　48
　　若不为大家的高兴而高兴，就会遭受"迫害"　51
　　先人后己的人　54

棘手的难民问题 57

巡夜老师 61

家庭至上主义 64

《大丈夫宣言》 67

听过我的演讲后，有三个人精神异常？ 71

第四章 总是积极面对生活的人 75

不思考的人 76

索性开一家死气沉沉的公司！ 80

绝不能闷闷不乐？ 82

想哭的时候就尽情哭吧 84

把不愉快的事全忘掉的人 87

第五章 为自己的工作感到"自豪"的人 91

在大学"教""哲学" 92

"文学研究"的严重浪费 95

我的大学改革方案 98

大多数艺术创作都是浪费 101

真正有意义的工作 104

圣埃克苏佩里 106

列那尔的日记 109

第六章 注重"分寸"的人 115

何为"分寸"？ 116

讨厌歪门邪道的男人们 120

劝说"别给人添麻烦"的人　122
说别人"没出息"的人　125
要传达"愿意吃亏"的想法很难　128
肉搏式的"互相谦让"　132
钥匙事件　134
我不会袒护自己指导的学生　137

第七章　一发生争吵就想立即制止的人　141
讨厌对立的人们　142
"事不关己，高高挂起"的人们　145
打女人是十恶不赦的事吗？　148
三岛由纪夫的自杀　150
尽管让父母担心好了　152
我和小谷野敦先生的论战　155
我和小滨逸郎先生的梦幻书信集　159

第八章　说话含蓄的人　165
"就放那首，你懂的"　166
消息应该立刻传达　169
用语言"打击"对方的各种方法　173
"告诉你一个秘密，你别说出去"　175
何为"清楚"　177
唉，开会！　179
我为什么没受到打压呢？　182

　　　　学校行政工作徒劳无益　186

第九章　说"我是个笨蛋"的人　189

　　　　"书呆子"和"普通呆子"　190
　　　　"教授很了不起吗！"　193
　　　　笨女人的精明之处　194
　　　　女人的逻辑？　197
　　　　《伊豆的舞女》　199
　　　　《东京塔》　202
　　　　阻止别人深陷恋爱的人们　205

第十章　认为自己"人生无悔"的人　209

　　　　马上心满意足地去死吧　210
　　　　《东京暮色》　214

后　　记：我讨厌的是什么样的人？　217

出版后记　222

第一章

经常面带笑容的人

经常面带笑容的人令我反感

我很讨厌别人经常面带笑容，一看见那表情，就会心生不快。人生，怎么可能总是笑呵呵的嘛。在银行、百货商店、旅馆这些地方，常常见到有人笑脸相迎——虽然只是一种职业性的笑容，但这么一直保持微笑，也会让我十分反感。

然而，大多数同胞还是表示赞赏的吧。稍为留意一下就会发现，在现代日本社会，"面带笑容"用于褒义时，往往有其固定模式——并非指那些哈哈傻笑（比如生来就爱笑）的人，而通常指这种人：虽然吃过很多苦，有很多伤心事，但却不露声色，一直保持温和的笑容（显然，女人更适合扮演这样的角色）。

当然，也有另外一种人，他们总是乐呵呵的，因为他们的脸部肌肉天生就像在笑。例如，梅原猛[①]先生就是如此——他要费很大劲才能做到"不笑"；稍不留神，就会笑容满面。无论如何紧张，一开口说话，就会立刻绽放出笑容。

[①]梅原猛（1925— ）：日本哲学评论家。

起初我觉得很反感，后来才意识到：噢，原来他的脸部肌肉结构天生就是这样的。

除了这种特殊情况之外，经常面带笑容完全是努力的结果。他们是因为知道自己应该笑，所以才会努力地去展现笑容。而且，还不能笑得太勉强。倘若明明不想笑，却要强作欢颜地拼命拉伸脸部肌肉，就会显得很造作。实际上，他们表现得很自然，一看见有人在面前，就自然地流露出笑容，仿佛浑然天成的肢体语言一般。而且，若仔细地看，还会发现其眼中似有泪光隐现，泛起一丝淡淡的哀愁。在日本，这种笑容——特别是年轻漂亮的女孩子的这种笑容，尤为受人喜爱。

这种笑容固然美丽端庄，但她们为何如此刻意地保持笑容呢？正因为她们知道周围的人希望这样，所以才投其所好地控制自己的情感。从这点可以看出，在日本这个国家，如果毫不掩饰地表达个人情感，是会招人嫌的。悲伤时潸然泪下，烦闷时愁眉苦脸，这些都不被允许。直接流露出自己的消极情感，是一种失礼行为，是一个社会成员不成熟的表现。

"笑一笑，笑一笑"

　　从小时候开始，每次拍照片时，老师或摄影师总会让我们"笑一笑，笑一笑"。所以小学时拍的照片上，大家都面带笑容。虽然小孩子的笑容很可爱，但这会让小孩子们渐渐形成一种恶习——压抑自己的自然情感，哪怕伤心难过时也要强装笑颜。如今回想起来，我不禁为此感到气愤。回想当时，既非外出郊游，也并没有什么好玩的事，只需要任性地板着脸即可。然而，照片上的我竟然也笑容满面。

　　在日本，不光是拍照，就是平时聚会时，也会随处传来"笑一笑，笑一笑"的招呼声。于是，在大庭广众之下，为了保护自己，大家都下意识地露出了笑容。

　　有一件事，我如今回想起来还会直冒冷汗。小学一年级的最后一天，我们开完结业典礼回到教室时，那位胖胖的年轻女老师忽然宣布说："大家升二年级了，一起欢笑吧！"随即"哈哈哈，哈哈哈"地捧腹大笑起来。然后又大声说："大家和我一起笑！"顿时，教室里响起了笑声大合唱。忽然，她往我这边瞥了一眼，问道："中岛君，你为什么不笑?"我扭扭捏捏地说:"我觉得这样很傻。"我忘记了老师当时是怎么回答的,总之从那以后她就很讨厌我了。

俄国作家陀思妥耶夫斯基在小说《少年》里揭示了"笑"的本质,一针见血,深得我心。

"人笑之时,大都面目可憎。笑容会暴露出自己卑贱粗俗的一面,有损风度。笑容是最需要诚意的,可是,人们究竟有多少诚意呢?笑容不可暗藏恶意,可是,人们的笑却几乎都出自恶意。"

当然,成年人偶尔也会流露出胸无城府的纯真笑容,但大多数情况下都带有某种目的,所以令人反感。这往往不易觉察,因为大多数人自己也身在其中,和大家一起笑,无暇观察别人的笑容。最后,陀思妥耶夫斯基得出如下结论:"只有婴儿的笑容是完美无瑕的。"大多数人对此都深有同感吧。

故作开朗

现代日本人喜欢时常面带笑容,这和另一种倾向相对应——日本人像趋光虫一样喜欢光明。这可以从各个角度进行验证。很多人都非常害怕自己的内心趋向消极忧郁,哪怕只有些许苗头。下文摘自读者来信:

> 如今世道暗淡,如果听之任之,心灵就会屈从于黑暗。……所以,我一定要保持心理平衡。要守护心灵家园,只能靠自己。我还故意强迫自己说具有正能量的话:"天气不错。""风吹得真舒服。""有工作可做就值得庆幸。""没病没痛,真好。"等等这些,随时随地说给自己听。尤其是一早醒来时,我会连喊几声:"今天要好好过!"这成了我每天早上的重要仪式。这样,就能一整天都充满活力。
>
> (摘自《朝日新闻》2005年2月4日)

这位读者可能稍有点夸张。不过,为了保持"心理平衡"而尽量只想好的事情、只说好话,这样的倾向在现代日本社会随处可见。您大概也意识到了吧。日本大和民族自古信奉"言灵",即认为语言中寓有神灵,如果说了不好的话,就会玷污神灵,招致灾祸。虽然各个民族在某种程度上都会认同这种观念,但因为我近来多次往返于维也纳和东京,对比之下,渐渐发现了日本的独特氛围。

例如,对于体育节目的转播方法,特别是播音员、主持人和嘉宾的措辞,欧洲和日本就大相径庭。2004年夏天,我和往年一样,在维也纳度过为期一个月的暑假。其间有5天去了伦敦。当时,雅典奥运会激战正酣,我主要收看CNN电视台和整天播放体育节目的欧洲体育台。当然,他们根本不转播日本选手的比赛。观看比赛时,我留意到一个现象:节目主持人除了大声叫嚷"太精彩了""伟大的纪录诞生了"之外,其余时候都只是如实传达"事实"本身。

我在伦敦时,刚好有女子马拉松比赛。比赛中出现了意外——世界纪录保持者英国选手保拉·拉德克里夫跑到36公里处时,开始放慢脚步走着,最后竟然在路边蹲了下来。节目主持人大声叫道:"哎呀,她跑不动了!哎呀,她蹲下来了!噢,她双手抱头!"仅此而已。并没有大肆发挥想象力,深入挖掘选手的"内心"。我相信,若是日本的电视节目，一定会一边仔细观察她，一边滔滔不绝地表示叹息和同情："真是太遗憾了！噢，她双手抱头，可想而知，她心里是多么懊恼啊！"

第二天，这位选手还上了访谈节目，声泪俱下地说明自己中途退赛的原因。节目主持人也只是平静地回答："哦，原来是这样。"如果是日本的访谈节目，一定会接二连三地提出更加煽情的问题，渲染其悲苦之状，并成功地赚取观众们同情的泪水。

再举一例。德国拜仁电视台转播了30分钟的日本相扑联赛。在转播过程中，节目主持人是这样解说的："哇，这一招背摔真厉害！""嗯，这位选手力气很大，他用尽全力进攻，把对手推出场外！""抓住兜裆布，发力进攻，上手摔！太精彩了！"如此枯燥乏味的解说，简直是煞风景。如果是日本电视台转播的话，一定会在这短暂的比赛时间里插入各种花絮，介绍选手如何辛苦训练、上一轮比赛有何遗憾，并注重表现双方开始交手时的表情，渲染紧张气氛，另外还会介绍选手的为人、家庭成员……而且，比赛结束后，还要加以评论："双方在比赛中拼劲十足，很精彩。"或者说：

"这位选手一味消极躲闪,令人遗憾。"——不光是胜负,还要评论选手对于比赛的"态度"。

在日本,体育比赛的节目主持人、嘉宾解说员,特别是演播室评论员总会营造——应该说是努力渲染一种氛围:希望观众和选手"融为一体",共同期待在比赛中取得好成绩。所以,体育评论员绝不能说出"按此前成绩来看,夺牌无望"这样客观预测比赛结果的话,而要双目炯炯地说:"夺牌的可能性还是存在的。"让人感觉前途一片光明。即使完全没有胜算,也不直说,而是说:"近期进步神速,值得期待。"对于曾经的奖牌得主,则奉承说:"他是全世界选手竞相追赶的目标。"或者说:"他的强劲实力使大家感到恐惧。"无论是马拉松、游泳,还是柔道比赛,即使看见日本选手落后很多,也仍然说:"还有希望,还有逆转的机会。"让人继续保持期待。

有趣的是,有时某选手被捧上了天,结果却遭遇惨败时,评论员竟会若无其事地说:"让我们期待下一次吧。"即便结果截然相反,也要把这故作开朗的游戏进行到底。

面带笑容的女人和面带笑容的男人

回到"笑容"的话题吧。

也许这印象有些过时——似乎大多数男人都希望自己的恋人或妻子"经常面带笑容",因为一看见对方开朗的笑容,心情就会好起来。人生——尤其是长大成人之后,充满了痛苦和悲伤。这时,如果忽然看见身边有个人默默地、恬静地微笑着,心里就会得到宽慰。从男人的角度来看,"经常面带笑容"是女人应有的属性。而"经常面带笑容的男人",一写出来就觉得别扭,给人一种脸上堆笑的轻薄男子印象,很难带来正能量。我想,希望恋人或丈夫"经常面带笑容"的女人一定很少吧。

对女人来说,理想的男人笑容是什么样呢?我想尽量表达得准确些,但也许同样会有人抗议说:"过时了吧!"理想的男人笑容并不是一直笑呵呵的,而是充满阳刚之气的脸忽然像卸下武装一样露出毫无戒备的笑容。例如,你在街上走着,忽然打量身旁男人的脸,见他一脸落寞;可是当他扭过头来似乎要问你何事时,那双眼睛里竟然带着笑意，温柔得令人不敢相信——这样的男人笑容才是女人所喜欢的。也就是说，不要一直笑呵呵，而是在某一刻忽然展现出如少年一般天真无邪的笑容。女人看见这样的笑容，一定会无可救药地迷上他吧。（我大概是看了太多江国香织、唯川惠、小池真理子、藤堂志津子①的小说。）无论如何，一个职场女强人拖着疲惫的脚步回到家，看见满脸堆笑的男人在门口迎接时，是绝不会感到欣慰的。相反，恨不得拿起手提包对准那张脸扔过去吧。

如果对男人和女人这种巨大的感觉差异再稍做探究，还可拓展到"依赖""扮可爱"等概念所支配的广泛领域。一般而言，男人在表面上被女人依赖，其实内心想依赖女人；而女人则相反，在表面上依赖男人，其实内心希望男人依赖自己。这么说大抵不会错吧。通过遵守这样的双重规则，既不破坏男强女弱——即女人依赖男人的传统观念，又能扭转其内部机制，对双方都有利。我们往往忽略了自己的真实感受，而受概念或观念所支配，这是很可怕的。本书

---

①这几位都是日本现代女作家，作品多以爱情为主题。

接下来还将多次提及这一点。我们往往没有留意的是,当我们下降到"感觉"层面时,通过"感觉好"或"感觉不好"等直觉做出的判断,却往往非常准确。

继续之前的例子。女强人身心俱疲地从职场回到家,当男人默默地用强壮的手臂抱紧她、静静地听她发牢骚时,她偶尔也会希望对方无限温柔地凝望自己吧。这和另一种情形大为不同:男人经过一整天在公司的浴血奋战,疲惫不堪地回到家,按响门铃时,女人顾盼生辉地开门相迎:"你回来啦!"毕竟男女有别,女人向男人索求的,不仅仅是安栖之地,还希望男人能保护自己。

前不久看过一部电视剧,里面设置了这样的剧情:有一个女工作狂"包养"了一个可爱的小白脸。然而,那小伙子光凭"可爱"显然不能满足她。很多男人认为女人可爱就行,但却很少有女人喜欢一个只会扮可爱的男人。对于女人来说,男人仅仅符合一般意义上的"可爱"还不够,还必须同时具备强壮、刚毅等特质,以及健全的人格。无论作为人,还是作为雄性动物,他都必须令人尊重。也就是说,他在智力、体力、工作等各方面都要比自己强。这样的男人，偶尔展现出"可爱"的一面时，就会打动女人的心扉。而那些只会尽力扮可爱的男人，即便一开始讨人喜欢，过不了多久，也定会沦为挨揍的角色。

在这里需要提醒注意的是，以上所述只是表面规则，在其下还隐藏着紧密联系的深层规则。"他这么一个强壮、刚毅、令人尊敬的男人，原来竟然这么依赖我。"当女人深切地感受到这一点时，她就体会到了幸福。但是一个总是撒娇扮痴的男人很快就会令她厌倦，甚至为他害臊：这简直就像小孩向妈妈撒娇嘛！而站在男人角度来看，妻子除了娇媚可爱之外，如果偶尔能关切地聆听自己诉说，并给出令人意想不到的好建议，就一定会魅力大增。当然，这仅限于自己身陷困境的场合。只是遇到一些小困难时，男人是决不允许女人表现得比自己聪明的。

第二章

不忘感恩的人

要求别人感恩的人

不忘感恩，当然是很重要的。然而，在现代日本社会，却往往把这看作与智商并重的"人格魅力指数"的条件，强迫每个人执行。"感恩"之心缺失或淡薄的人，则被视为有人格缺陷，遭到大家谴责。这种僵化的模式简直无异于审判女巫[1]。乍一看，现代日本社会稳定和谐，不想却每天每时每刻都在发生这种对于异端分子的审判，真是可怕。后文还将逐一介绍其他事例。

细想一下就会明白：有时候，我们对于别人的点滴好意会心存感激；而有时候，即使受了天大的恩惠，也绝不肯说半个谢字。这通常要看对方是否对自己另有所图。像很多日本民间传说那样，对方热心相助，并且不求任何回报，我们自然会产生感谢之情；可是，如果对方的行为背后隐藏着各种杂念，例如为了自身利益打小算盘、自我满足、傲慢、轻蔑、故意施小恩小惠、想要索取回报、固有的义务感……当我们看见这些时，就会立即把道谢的话咽回去。

---

[1] 欧洲中世纪时，会对女巫进行宗教审判。

而且，人总是善忘的，无论自己受了多大恩惠。这也许跟人的深层心理有关——正因为接受了别人的大恩大德，所以才会忘记吧。为什么呢？接受了对方的恩惠，固然值得感谢，但与此同时，也深深感受到自己的窝囊，如针刺一般，无比痛切。因为想要忘记，所以才会忘记。

然而，不忘感恩以及坚信不能忘记感恩的人，对这样的借口当然是深恶痛绝的。他们认为：作为一个人，既然受了恩惠（无论这恩惠是否合理），就必须怀有感激之情，时时不忘感恩。本来，这些时时不忘感恩的人只需随时提醒自己"不忘感恩"即可，但他们却把这当作人类的普遍法则，要求所有人都遵守。不仅"要求"，对于违反者还会进行严厉的审判，而且一定会在背地里冷眼相加，将不懂感恩的人赶尽杀绝。

所以，我所讨厌的也许并非不忘感恩的人，而是那些动辄将"不忘感恩"的教条强加于你，或喋喋不休地进行说教的人。即使我受了别人天大的恩惠，也不愿没完没了地说："谢谢，您帮我大忙了。"同样，我给别人帮忙（虽然只有极少数的几次）时，也不希望对方一直把"谢谢"挂在嘴边。如果他快点忘掉的话，我反而会感谢他。

对自己的"非社会"改造

在现代日本社会,到处都密密麻麻地生长着"不忘感恩的人",令我感到恶心。当然,我仍然坚信自己是正确的。为了忠于自我,我决定明目张胆地采取"非社会"的态度。首先,无论我给予别人什么恩惠(虽然几乎从没有过),我都要求对方绝不能向我表示感谢。如有向我表示感谢者,我会直言不讳地指责他。如果还不听,就痛骂他。如果这样还是不听,我就只好跟他绝交。而这一做法的成效逐渐显现出来了——目前和我关系尚好的寥寥几人都不再对我表示感谢。

尤其让我本能地感到抗拒的是,我明明没有求助于谁,可是对方(多为女性)却出于"为我着想"而给我种种关照。例如,偶尔有人邀请我去做演讲时,会通过电子邮件、电话或传真商讨相关事务。主办方往往觉得应该为我做好各种安排,比如订购新干线车票、预约酒店、迎接、演讲前一天设宴招待……否则就有失礼数。但我却尽量不想劳烦他们,便告知:"全部由我自己安排即可。不必来接我,也不必为我设宴。"虽然这样难免会让主办方扫兴，但既然叫我来演讲，总该对我的信念和美学理念稍微有些了解吧。所以在这个问题上，我坚持不肯让步。我还明确告诉对方："过后请不要给我写千篇一律的感谢信。"所以，后来就再也没有人给我寄感谢信了。我本来是对自己进行"非社会"改造，结果却渐渐地改造了别人。

这些还是勉强能做到的，但接下来的路可就布满荆棘了。我平时会训练自己，让自己在得到别人帮助时尽量不表示感谢。如果是了解我脾气（即认同我观点）的人，那倒无所谓；但其他绝大多数人可就麻烦了——他们给了我一点小恩惠，就全神贯注地等我说谢谢。跟他们相处真是疲惫至极。我平时还是时常轻声道谢的（也许比普通日本人说得要多），但如果感谢之词并不由衷，即使我知道按社会常规应该道谢，也绝不开口。而且，就算我心怀感激，但为了坚守自己的信念，我也会把道谢行为控制在最低限度。

一般而言，像我这种与社会主流信念、兴趣迥异的人，就算平常接受了别人的好意，也很少会心怀感激。别人要开车送我回去时，我会想：与其和他一起在狭窄的小车里度过半个钟头，倒不如自己出几千日元打车回去更为惬意。另外，大多数人视为礼节的"登门道谢"也令我不胜其烦。如果真的那么感谢我的话，就应该尊重我的意愿，知道我没有时间和你进行礼节性会面——不，确切地说是不想见你。然而，奇怪的是，仍然有很多人硬是要杀上门来，大多数"不忘感恩的人"为了让自己心安理得，坚持按社会常规行动，甚至不惜践踏我的意愿。

我很讨厌收到别人的礼物。无论收到什么，大抵都不喜欢。这倒也罢了，但问题是，为了这些无用之物，我还得强作喜欢之状地表示感谢。这样虚伪地生活，实在太痛苦。所以我很早就从这种游戏当中逃脱出来了。可是，就算说到这种份上，也还是有人给我送礼。对这些人，我只好明确地表示抗议。

在这里，我想特意举一些琐碎的事例。因为琐碎，所以容易被大多数人忽略，而正因如此，我才会特别关注。我每年都会收到京都K出版社寄来的台历。本来台历可以用作日程表，但我有个习惯，就是除了详细的日程之外，还会记录当天发生的各种事情。这台历嘛，每天的空位不够写，而且这么大一本也不方便携带。所以，这10年来，收到的台历都被我扔进垃圾桶了。我后来想想，总觉得这么做不合情理，也不尊重对方。于是，去年我终于下决心，写了封信寄去："……出于以上原因，台历对我没什么用处，明年开始请不要再寄来了。"这封信也许会伤害K出版社负责人的自尊吧。但如果为了不伤害对方自尊，而"满怀谢意"地收下礼物——假装收下礼物，转身就扔进垃圾桶，相比之下，还是说实话更尊重对方吧。自己明明用不上，却不告诉对方，继续收，继续扔，这样岂不是对对方更为失礼吗？这道理谁都明白，但为什么没人像我一样坦言相告呢？归根到底，还是怕给别人留下坏印象。为了不让自己给别人留下坏印象，就把对方当作利用的工具，无非如此而已。

像这样，我对自己的"非社会"改造进展顺利。但细心的读者会发现，其实我从小就生长在非常注重这些社会常规和习俗的环境中。尤其是我母亲，给人送礼后，如果过了三天还不见对方回礼，就会气愤地说这人真不懂礼节。而我则会为贺年卡的事烦恼——我没寄给对方而对方寄给我时，我惊慌失措；我寄给对方而对方没寄给我时，我憔悴忧愁；我在1月1日收到对方寄来的贺年卡时，又担心自己寄出太晚，不能在元旦当天及时送达；至于我寄给对方而最终没收到对方回寄的贺年卡时，当然会对其怀恨在心……如此这般，令人疲惫不堪。终于，我在50岁这年决定，从此不再寄贺年卡。

而且，我决定以此为契机，逐渐废除各种碍于情面而做的行为。关于这点，我在《半隐遁的人生》一书中做了总结。但池田清彦[①]先生却对书中提倡的做法颇有微词："收到赠书，如果觉得有趣就看，觉得无聊就扔进垃圾桶，没必要给人回信说'这本书很无聊'。"看来他还是没弄明白——正因为没这么简单，所以才让我大伤脑筋呀。废除贺年卡也并不容易。快到年底时，我向所有可能寄贺年卡给我的人寄去了明信片，说："我已经彻底废除贺年卡了。"没收到的人寄来贺年卡时，我还得给他们每个人写信阐明自己的理念……这项工作每年都在继续，但每年都会收到

[①]池田清彦（1947— ）：日本评论家、生物学家。

新认识的人寄来的贺年卡，我又得向他们阐明自己的"思想"……所以，直到现在，我的贺年卡废除运动还没有完全实现。

其实，我这个人稍不留神就很可能会说出感谢的话。每当此时，为了坚持自己的信念和美学理念，我就狠狠地鞭挞自己"软弱"的内心。其实我并没有忘记感恩，一切都记得清清楚楚呢。如果可以自然而然地忘记，那我的自我改造应该已经完成了吧。而现在看来，似乎还有漫长的道路要走。

勘三郎继承师名

在所有职业当中,为什么歌舞伎演员对观众的感谢尤为殷勤呢?他们一开口就说:"多谢各位观众的支持。"或是:"在各位观众的支持下,我才能取得今天的成绩。"虽然事实如此,但这种低声下气的态度其实来自于日本戏剧演员的固有观念。每年11月歌舞伎剧场举行全班公演时,开场白固然精彩,但演员们几乎把头磕到地板上的行礼方式,却给人一种奴性十足的卑下感。

1998年,我在歌舞伎剧场观看过仁左卫门[①]继承师名公开演出,但这次的勘三郎[②]继承师名演出(在同一个剧场)却没买到票,只得看电视。举行一系列仪式的过程中,勘三郎对各界支持者表现得非常谦卑,甚至让人觉得怜悯而空虚,同时还感受到一种卑鄙的功利心。

在这期间,新勘三郎的儿子出事了——他因出租车费用纠纷殴打警察而被捕。听到这消息,我顿时颇为兴奋:

[①]仁左卫门:歌舞伎演员名号。
[②]勘三郎:歌舞伎演员名号。

噢，这下可有看头咯。新勘三郎显得很狼狈，连旁人看了都觉得惨不忍睹。当然，他这种可怜相既是一种公开表态，又是自我保护，是具有很高技术含量的。他像鹦鹉学舌一般地反复说："对不起各位观众了。"我知道他道歉的意图，但我还是要说：他完全没有"对不起"我。我从不指望歌舞伎演员要具备什么"市民公德"，所以觉得这点小事无所谓。但大多数人却不一样，大家期待着一个歌舞伎演员的道德要高于普通市民，尽管他长年在舞台上活灵活现地演着不道德的戏！

森光子[1]在演完舞台剧《放浪记》第 1795 场后，打算以 2000 场为目标而继续努力。每当被问到对于自己这一奇迹般的纪录有何感想时，她也是连声说道："这得归功于观众。"就像政治家们老爱把"一切为了国民"挂在嘴边一样——心里知道这么说肯定不会错，看似谦虚，实则圆滑。当然，也许森光子确实是这么想的吧。不过，确切地说，她不应该回答："这完全归功于观众。"而应该回答："这归功

---

[1] 森光子（1920—2012）：日本女演员、歌手。

于观众的支持和我自身的不断努力,再加上运气。"对此,她当然心中有数。

这种态度也许是演员们所共有的,尤其是歌舞伎演员和新派剧①演员,而在新剧②演员和电影演员中则很少见。歌手也一样,美空云雀③至死都在说"归功于歌迷",而眼下当红的SMAP④和滨崎步⑤则不太说。总而言之,这大概是歌舞伎演员、新派剧演员、落语家⑥等"传统艺人"的嗜好。

试想一下,其实小说家、画家、建筑家、钢琴家也都应该"归功于顾客",但却很少听他们这么说。如果川端康成⑦在获得诺贝尔文学奖时致以谢意说:"这一切完全归功于我的读者。"那就实在太煞风景了。如果小泽征尔⑧在就任维也纳国家歌剧院音乐总监时说:"这一切完全归功于

---

① 新派剧:明治中期以后开始流行的大众现代戏剧。
② 新剧:明治末期受欧洲近代戏剧影响而产生,运用新手法表现现代人生活的新戏剧。
③ 美空云雀(1937—1989):日本女歌手、演员。
④ SMAP:日本偶像组合,成立于1988年。
⑤ 滨崎步(1978—):日本女歌手、演员、模特。
⑥ 落语家:日本传统单口相声演员。
⑦ 川端康成(1899—1972):日本作家。1968年获得诺贝尔文学奖。
⑧ 小泽征尔(1935—):日本指挥家。

我的乐迷。"我一定会对他这谦卑的态度喝倒彩："你身为一个艺术家，怎能老想着'乐迷'！"

　　再多说一句画蛇添足的话，我好歹也算个爬格子的，但却从没想过这得"归功于读者"。

"一切为了国民"的思想

日本传统艺人有个典型的特点：一切都往积极的方面想。即使受到师父不近人情的严酷训练，即使被同伴们欺负，即使被人散布流言蜚语，也要把这一切当作一种"历练"而甘心忍受。而且，还要感谢这些辛酸的遭遇。如果没有如此宽广的胸怀，就不可能在传统曲艺的世界里混下去。只有这样的人，才能适应日本的土壤，成长为"不忘感恩"的人。而且，有其师必有其徒，把"不忘感恩"的精神永远发扬光大，已经形成了一种体系。

我知道，日本传统艺人的身体里有一种根深蒂固的"感恩"思想——不仅是对观众，而且是对所有人。现在，自己之所以能站在华丽的舞台上，不仅应该归功于来捧场的观众，还应归功于不在现场的所有人——这种"一切归功于××"的思想，是不是无限接近于日本国会议员所标榜的"一切为了国民"的思想呢？

之前的众议院议员选举（2005年9月11日）让我们清楚地认识到：如今的"国民"就像二战前的天皇一样，具有神圣不可侵犯的权威，无论哪个政治家都不敢说"国民"的半句坏话。这次选举，自民党以绝对优势胜出，如果说这靠的是首相耍花招，那么，轻易上当的国民就是傻子；如果说靠的是自民党标榜的几句竞选词，那么，喜欢这种肤浅理念的国民简直就是单细胞生物——当然，绝不能说出来。尽管所有在野党都义正词严，但却没争取到选票，太遗憾了。可见，大多数国民都是傻子，这是显而易见的道理。但不能这么说，只能说因为自己不够努力才导致失败。国民嘛，无论采取什么行动都绝不会有错，绝不能被指责，简直就像二战前的天皇。难道政治家真的这么尊重国民？似乎并非如此。原因仅仅在于，如果说了国民的坏话，下次选举就没戏了。我再次深切地体会到：噢，原来这就是所谓的"国民主权"。

质疑日本传统商人道德

　　和日本传统艺人一样整天道谢的是日本的商人。他们本来是为了赚钱才做买卖，表面上却常把感谢顾客挂在嘴边。"只要客人高兴就行。"这话也是纯粹胡扯。如果所有客人都高高兴兴地来吃霸王餐，吃完不给钱就走，那么买卖就没法做下去。毕竟，除了精神上的回报之外，还要得到物质上的回报——赚钱。隐瞒这一点就是虚伪。

　　说得现实一些，我们在购买商品或享受服务时，其实只是用钱与之进行交换，而这钱也是自己的劳动所得。所以，卖家和买家处于平等地位，不必低三下四地道谢。那他们为什么还如此执着于道谢呢？确实，有可能是发自内心地感谢顾客从多家旅馆中选择了自家，或从多家汽车销售商中选择了自家，但这并不是最主要的。最主要的原因是，卖家经过周密的思考，得出结论：这种姿态可以给顾客留下好印象，赢得顾客的信赖，从而使自己的生意越做越红火。

　　下面从报纸上摘取一段特别的读者来信：

现在一到节分①，我还会想起邻家的大叔。他在公路对面那边开了家包子铺……每年一到节分撒豆子时，他只是大声喊"福福福，福进来！"而不说"鬼出去"。小时候，我一直觉得很纳闷：为什么他不说"鬼出去"呢？过了很多年以后我才明白：大叔是做生意的，他一定认为"世上并没有鬼。就算有，那也是来客，不能赶走"。他的仁厚之心令我感动。

（《朝日新闻》2005年2月5日）

说句扫兴的话，我不太感觉到这位包子铺大叔的"仁厚之心"。为了生意兴隆，他对店铺内外所有可能的客人都一律表示感谢，这并不仅仅是出于"仁厚之心"，而是一种更为现实的生意头脑。然而，大多数人就像这位投稿的读者一样，希望一个生意人不仅要提供优质的商品，而且还要怀有"仁厚之心"。大家想当然地认为：老板既然有"仁厚之心"，那么他家的包子一定很好吃。但事实上，也有可能很难吃哟！

对于这种动不动就讲"心"的商人道德，我深感疑惑。

---

① 节分：立春的前一天。当天在日本有这样的风俗习惯：人们一边喊着鬼出去，福进来，一边把炒熟的黄豆撒在屋内和院子里，以驱邪招福。

作为商人，最重要的是提供优质商品和优质服务，"仁厚之心"只有辅助意义。即使内心再"仁厚"，生意也有可能亏损；即使内心再"冷酷"，生意也有可能大获成功。也就是说，对于包括那位包子铺老板在内的所有商人来说，只要生意红火，满怀"仁厚之心"也挺好；但如果生意做不下去，再多"仁厚之心"也是徒劳。

我深知这套体系，所以一见到老说感谢的商人就觉得反感。另外，我对于冷冰冰的道谢方式也颇为反感。这两种反感根本上是相通的。在日本，无论什么都喜欢千篇一律，就连表达谢意也迅速地程式化了。例如，便利店、快餐厅、连锁咖啡店就很典型：年轻女店员以丝毫不含感谢之情的语气机械地喊道："谢谢光临。"近来还有这样的欢迎方式：一个店员喊"谢谢光临——"，紧接着，店里各个角落此起彼伏地响起回声一般的"谢谢光临——"。这种极其程式化、量产化的感谢方式实在令人反感，恨不得把对方痛打一顿才解气。若要追本溯源，它其实是和传统商人那令人难堪的道谢方式一脉相承的。我想：正因为原本就不是出自真心，所以，这种程式化、表面化的感谢才可以自然而然地延续至今吧。

"要发火就回家发去！"

那应该怎么办呢？其实很简单，只需要自然地与顾客打交道即可。在这一点上，我是彻底的欧化主义者——商人可以爱理不理，可以闷闷不乐，可以更加有血有肉。换言之，只需和顾客平等即可。也许很多人都有过这样的体会：在欧洲，无论是店员、酒店服务员还是超市售货员，一个个态度都十分恶劣，架子可大了。

某日，我在维也纳列奥波多博物馆的商店买了各种画册、明信片、复制品。抱着一堆东西到收银台结账时，那位年轻的女店员应了一声，随即递给我几张廉价书签作为赠品。我明确表示："不要了。"她似乎有些扫兴，就继续劝道："其实，你自己用不着，也可以当作礼物送给朋友嘛。"我拒绝说："还是不要了。"她却不肯松口："那你想要什么赠品呢？"我笑着说："钱。"她接下来的回应很可笑，竟然挑衅似的说道："既然钱那么重要，你又何必买这么一大堆东西呢。干脆别来这种地方，在家睡大觉算了！"我冷静地回答："那倒也是。"然后扬长而去。

真可笑。您大概体会到了吧，在欧洲，店员和顾客之间也可以进行如此富于机智的、自然的对话。

不过，有时候过于"自然"，也会让人恼火。以下是发生在维也纳国际机场的事。

游客在欧盟地区买了东西，只需出示该物品以及购买商店提供的票据，就能退回10%的税款。如果购买的是大件商品，不能带上飞机，就只能放进旅行箱里，在办理登机手续时出示该物品和相关票据；如果是作为随身行李带上飞机的话，则在办理完登机手续、检查完护照之后，再出示该物品和相关票据。这有些烦琐，所以我每次都会和机场工作人员发生争吵。

办理登机手续时，我一边心想不知这次又会发生什么问题，一边窸窸窣窣地取出一沓票据，和随身携带行李一起拿给对方看。那个中年女职员看了一眼，也不说话，只是指了一下登机入口处，意思是"到那边再查"。我解释说："其中有些票据是需要在这里查验的。"她又指了一下"那边"，脸上的表情似乎在说："你这笨蛋，不懂吗？"

像这样，不讲一点儿礼貌，也太"自然"了！于是，我又大声说了一遍，并让她看旅行箱。这时，她才注意到我有个旅行箱，就扬扬下巴（还是没开口），似乎是说："噢，放在这里呀。"然后，若无其事地让我出示护照。我来气了，"咚咚咚"地拍打着柜台，怒喝道："工作认真点！"这时，她皱起眉头大声说："要发火就回家发去！"随即抱着胳膊，喊来其他同事，在那儿没完没了地议论起来："哎哟，这日本人怎么回事嘛！是不是不懂呀？""不至于吧，他会说德语呀。"其他工作人员和乘客都在一旁呆呆地看着。上次赠品没要到"钱"倒也罢了，这次要是被抓起来那可麻烦了……我正暗自思忖，她又重复了一句："护照。"然后恶狠狠地在上面"啪"地盖了章。一下就完事了。

这样的事情如果经常发生，那确实太折磨人。不过，对方这种态度，我倒是觉得挺爽快的。当然，大多数日本人会被吓着，觉得无法接受。如果在日本成田机场，无论我怎么发火，机场工作人员都只会像出故障的唱片机一样反复说着"对不起"吧。唉，怯懦而善良的日本人，在维也纳式的店员和职员面前，一定会觉得毛骨悚然吧。大家更希望看到卑躬屈膝的姿态，更希望看到面部肌肉近乎抽搐的笑容，即使知道这些并非出自真心。所以，我深知"改革"之艰难。

现代日本社会没有"表达的自由"

　　闲话休提，言归正传，从野蛮粗鲁之人横行的欧洲回到心地善良的日本吧。

　　在这个国家，人们身处婚礼、葬礼、退休教授欢送会、出版纪念会、新生欢迎会等众人聚集的公开场合时，是没有"表达的自由"的。大家都在为自己的言行不周而道歉，对他人表示羡慕，对他人表示感谢。在这种场合下，事无巨细，都必须遵守一条规则：不能说"真话"。对于喜欢说"真话"的我来说，那场景简直跟地狱图一样恐怖。

　　下面举出的例子中，第一段对话是充斥着社交辞令的客套话，第二段对话是我虚构出来的表达内心想法的真心话。

　　（一）

客套话：

A："我儿子没考上东京大学！"

B："啊？不会吧。你儿子那么聪明……是不是哪里弄错了？"

A:"唉,他整天只顾着玩。"

B:"稍微用功的话,明年一定能考上的。"

真心话:

A:"我儿子没考上东京大学!"

B:(是吗?其实我对你家儿子考大学的事根本不感兴趣。)

A:"唉,他整天只顾着玩。"

B:(我看不止这个原因。主要还是因为脑子笨吧?这都不承认,真是死要面子。)

(二)

客套话

A:"最近觉得自己好像一下子老了很多啊。"

B:"怎么会!您皮肤这么光滑,看上去健康得很呢。"

A:"可能因为刚喝了酒吧。反正,现在记忆力变差了,对那些新研究也弄不懂,看来只能去隐居咯。"

B:"老师,您可别这么说。现在正是您大显身手的时候呀。"

真心话：

A："最近觉得自己好像一下子老了很多啊。"

B：（确实。看你老了这么多，还真把我吓了一跳。）

A："反正，现在记忆力变差了，对那些新研究也弄不懂，看来只能去隐居咯。"

B：（这是明智的选择。不要在这里到处晃悠啦。）

（三）

客套话：

A："上次我出的那本书，你觉得怎样？好像各种批评也不少呀。"

B："老师，谢谢您特意送书给我。我一直盼着它出版呢，所以一收到书就很认真地拜读了。这书可是战后日本哲学研究的里程碑呀！结构完美，条理清晰。真不知道那些批评的人是怎么想的，简直莫名其妙。"

真心话：

A："上次我出的那本书，你觉得怎样？好像各种批评也不少呀。"

B：（我还没看完。好像跟之前的书也没有太大区别，所以一直放着没看。噢，对了，因为想到今天见面时您一定会问起，所以赶紧拿起来开始看，虽然不太情愿。不过，这书实在太无聊，我没看几页就扔下了。您还以为我一收到书就会马上看，而且赞不绝口？——您也太自以为是了。）

当然，在现实中，"真心话"倒不一定全是这种贬损之词。但我相信，大家在宴会上对上司或长辈说话时，脑海里一定会忽然闪过上面那些括号里的话吧。

回到"感谢"的主题。只要试着稍微说些相反的话，就能知道那些感谢之词是如何紧紧地束缚着我们。例如，在宴会上见到曾为自己儿子介绍工作的人时，往往会出现以下这样千篇一律的对话。

A："哎呀，好久不见。你儿子在那儿做得还好吧？"
B："上次真是多谢您啦。他现在工作挺努力的，还说您是他的大恩人呢。"

A："那太夸张了，哈哈哈。当时我大力推荐说：'这小伙子很优秀。'结果还真成了。不容易啊。"

B："真不知怎么感谢您才好。"

A："下次有什么就说一声，我一定帮忙。"

B："嗯，您这话真让我感激不尽啊。"

像这样，B切实感受到了求人办事的沉重代价，对于自己的浅薄后悔不迭，决心以后无论如何再也不求A帮忙。当然，如果B对A说："我一点儿也不感谢你。"那确实违背"人情"。那如果尽可能如实地说出心里话呢？例如："我真的很感谢您，但如果因为我儿子一直在那家公司，我就得一直感谢您的话，那也太痛苦了。"或是说："我对您的感谢只是一般程度，如果您有过高期待的话，我心里会很不舒服。"或是说："我非常感谢您，但老这么感谢让我觉得很累。"无论哪种说法，都无异于扔下一枚炸弹。它引发的后果就是，不仅与对方绝交，甚至还会与人际社会绝交。

给毕业生的临别赠言

我很讨厌"临别赠言",因为基本上全是"鼓励"之词,鼓励这些年轻人迈向眼前的新世界,对于生老病死等人生的阴暗面却绝口不提,只强调一种充满希望、积极进取的姿态。所以,我一直小心翼翼地尽量避开有临别赠言的场合。然而,两年前开始当系主任的我在任期即将结束时,不得不在校刊《校园通讯》上给毕业生写临别赠言。实在躲不开,只能写。犹豫了好久,终于决定借此机会写点"真心话",哪怕稿子被毙。嘿,写吧。

介绍这篇赠言之前,我想先稍做说明,以免引起误解。其实,看着年轻人即将毕业走向社会,我也和大家一样觉得欣慰,并不想对他们说什么恶毒的话。我想说的,无非是人尽皆知、理所当然的道理:无论如何努力,还是会有失败的时候;偶然性常常会捉弄人;别人的评价常常不合理;人最后总是要死的……如此等等,这就是人生。所以,我想说的一点儿也不深奥。其实,只需在一般临别赠言的每个句子后加上一句"反正人总是要死的",就基本能表达出我的意思了。校刊上还同时登载了 N 先生所写的赠言《向个性闪耀的人生出发》,所以我就以它为例,按我的品位"修改"如下:

祝贺各位修完学业,顺利毕业,反正人总是要死的。大家对新的人生道路感到一丝不安,同时也满怀着希望吧,反正人总是要死的。……幸运的是,大家在电通大学①里学到了专业技能——这是"塑造个性"的基础之一。今后,放眼将来,把专业技能训练得更加过硬,同时去发现自己内在的特质(也许目前还没意识到),使个性得到更大的发展,反正人总是要死的。……走上社会以后,也许会遇到从未经历过的困难。这时,一定不能丧失自己的个性,要把困难当作精神食粮,当作成长的契机,反正人总是要死的。若干年以后,当我看见茁壮成长的各位的笑脸时,一定会感到无比欣慰。我祝愿各位前程似锦,反正人总是要死的。

好吧,下面就把我那篇居然没被毙掉的临别赠言贴出来。不出我所料,在校刊上,这篇东西被其他老师写的励

---

① 电通大学:日本国立大学电气通信大学的简称。本书作者中岛义道于 1995 年至 2009 年在此大学担任教授。

志赠言团团包围，蔚为奇观。

　　编辑部让我给各位学生写篇关于今后人生道路的启示或建议，但其实我并没有什么可说的。过不了多久你们就会知道，每个人的人生各不相同，别人的启示和建议并没什么用。尤其是连篇累牍地登在这里的各位前辈的"漂亮话"，甚至还不如一纸算命神签有用。

　　回首过去，自从小学毕业典礼以来，我曾听过无数的"临别赠言"，但全都忘掉了。现在仔细一想，它们对于自己并没有任何价值。为什么呢？因为发言者只是罗列了许多四平八稳、千篇一律的语句，当然无法打动听众（甚至连他自己都不以为然吧）。

　　既然如此，至少应该写几句真话才对。但我作为过来人，并没有什么建议，只是希望大家不要成为我这样的人。——关于这点，想必大家早就明白，所以也无须我再赘言。本来写到这里就可以打住了，但我还是想给所有年轻人提一个发自内心的"请求"（并非建议）：无论人生如何荒谬、如何穷困、如何丑陋都好，请不要去死，要活下去。

　　后话是，这篇赠言颇受好评。不少学生和老师对我说：

"中岛老师,您那篇是最有意思的。"甚至有人说:"只有中岛老师写的是真心话。"当然,他们对我说这些话,说明他们仍然被常规和习惯所束缚。而我写这篇东西,矛头正对准了他们这些狡猾的、不诚实的人!

第三章

想看见大家高高兴兴的人

过分的要求

"只要能看见大家高高兴兴的就行。""只要大家高兴,我就高兴。"……在日本,常常能听到这样的套话。我对此别提有多讨厌了。因为他们没意识到自己陷入了一种根本的错觉——以为自己的愿望很谦虚。其实,"想看见大家高高兴兴"的愿望是多么狂妄自大啊!归根到底,是希望把周围的环境调整得对自己有利,是一种利己主义。当然,我也是个坚定的利己主义者。但至少我能意识到这一点,比他们强。

前文提到过的"我讨厌的人",也都是些不折不扣的利己主义者,但他们自己却意识不到。为什么意识不到呢?因为整个日本社会提供了一种保护色。另外,这些人还是努力追求个人利益的功利主义者。虽然表面上装作大公无私,全心为别人、为集体,但其实是因为他们知道这样做会赢得口碑,从而给自己带来最大利益。

我本能地讨厌市民运动、志愿者活动、慈善事业,因为这些活动仅限于能看见"大家高高兴兴"的领域。例如:为非洲的新兴国家建造小学和医院、掘井、给予物资援助；为经历战乱的国家拆除地雷、保护难民；男人们在流氓出没的道路组织夜间巡逻；幼儿园的孩子去养老院为老人们唱歌、演舞台剧……这些全都是能看见"大家高高兴兴"的活动。

其实我并不是特别反对这些活动，但我还记得自己从小学开始就和"大家"格格不入。每当校长在早会上微笑着宣布"下面有个值得大家高兴的好消息"，结果却无非是什么完善学校伙食制度、游泳池或体育馆竣工、六年级学生的林间夏令营即将开始之类的事，一点都不值得高兴。如果没有学校伙食制度、体育课、郊游，那才叫高兴呢！如果学校只是个学习的地方，那不知该有多快活啊！当然，我也知道，因为这些是值得"大家"高兴的好消息，所以，被问到时，我必须回答"高兴"。

当时，对于文部省、市政府、教育委员会、大多数老师、大多数家长、大多数孩子来说，这些确实是值得高兴的吧。校长看着津津有味地吃着学校伙食的孩子们，看着在游泳池大声喧闹的孩子们，看着"大家高高兴兴"，一定会感到心满意足。您大概明白了吧，所谓的"想看见大家高高兴兴的人",他们眼睛里只看得见多数人的快乐,却看不见少数人的痛苦。这里所说的"多数人",并非指数量上的多数,而是指"正常人"——"正常的孩子"应该会为学校伙食、游泳池和林间夏令营感到高兴。因为这样才是"正确"的,所以只需要考虑这部分学生的意愿,其他的大可弃之不顾。

这套做法不仅针对"正常的孩子",还可以扩大到"正常的年轻人""正常的中年人""正常的老人""正常的男人""正常的女人"。所谓的"大家"仅指"正常人",对此从不质疑的人才会若无其事地说"想看见大家高高兴兴"。我并非想说这种态度不对。毕竟,要办什么社会活动时,也只能考虑"大家"吧。但很多人嘴上说"大家"时,心里却没有认识到其本质,这种麻木和虚伪才是我所讨厌的。

若不为大家的高兴而高兴，就会遭受"迫害"

说到这里，有一个相当严重的问题。因为"大家"等同于"正常人"，所以无论在哪里，少数派都只得假装"高兴"，以免被视为不正常的人。这种痛苦是多数派绝不能理解，也不愿去理解的。他们只会兴奋地嚷嚷："大家高高兴兴的，真好！"

您也发现了吧，这种氛围残酷地压抑了少数派的情感。一般而言，人们在高兴时假装不高兴比较容易，但如果在不高兴时要假装高兴，那可就痛苦多了。正如对同性恋者来说，喜欢同性而装作不喜欢还比较容易，但不喜欢异性却偏要装作喜欢的话就会十分痛苦。又如，爱吃鸡肉而假装讨厌还比较容易，但如果不爱吃鸡肉却要装作喜欢，甚至要装作吃得津津有味，那就是一种考验了。

如果经受不住考验，就会遭到排斥和迫害。所以，必须拼命压抑自己的真实情感，准确地表现出相反的表情，而且不得不把这痛苦的表演一直继续下去。

我对此深有体会，特别是在20年前开始抵制"日本式特殊噪音"的过程中。之前我曾多次写过（例如《我在喧嚣的日本》）：我非常讨厌充斥着整个日本的"声音"——在街上行走时，多管闲事的高音广播此起彼伏："乘坐自动扶梯的时候……""车左转，请注意！""请勿奔跑上车，以防发生危险。"银行取款机的语音信息："欢迎光临！""请取回银行卡，谢谢您的使用。"超市和百货商店里的介绍："今天的特价商品是……""今天有优惠活动……"在商业街行走时，传来广播的轰鸣声："睡觉时请勿抽烟！""本周是秋季交通安全周！"在住宅区散步时，听到一阵阵"烤白薯——""冰激凌——"的叫卖声。在人群拥挤的地方，警察手持麦克风大声叫道："请注意安全！不要挤！不要挤！"……总而言之，即便你不想听，各种铺天盖地的"声音"也会席卷而来。

　　我和同伴们执着地开展了抵制活动。可是无论如何努力，终究还是徒劳。我明白了：无论如何努力，这项活动也无法发展为市民运动。因为"大家"，即多数人，并不希望完全废除这"声音"，认为它不碍事，不，应该说有必要存在。于是，对这"声音"听之任之者被视为"正常人"；而被这

"声音"折磨得痛苦不堪的人，却被判定为不正常的人。"想看见大家高高兴兴"这一愿望，从开始阶段就破灭了。

我从这件事中学到了很多，而且不容置疑地开始讨厌那些声称"想看见大家高高兴兴"的人。他们从未意识到对少数群体的迫害，简直是麻木不仁……哎呀，真是太讨厌了！但因为他们属于"好人"，所以即使控诉其暴力性，也无人理解。我是从小学、中学开始，经过50年，如今才总算能把这问题的病根表述清楚的。

当然，也有个别变化令人欣慰：最近，日本终于也实现"文明开化"了。和过去相比，大家对这些"不正常的人"给予了更多的关注。自由职业者、啃老族、宅男宅女、自杀者越来越多，家庭暴力、离婚、虐待儿童、吸毒的案例也呈直线上升。所以，大家都很难再随口说出"有工作才正常""疼爱自家孩子才正常"之类的话。我觉得社会还是在进步的，虽然要付出代价。

10多年前，"想早点儿抱孙子"这样的话还被认为充满善意；如今再说这话，必定会被视为糊涂爹娘。如果问新婚夫妇："还没生孩子吗？"则简直是罪大恶极。至少在我看来，日本社会正逐渐改观，变得更加适宜居住。

先人后己的人

尽管如此,传统的日本式"好人"并没有灭绝,而且还在到处生长。正因为现实社会骚乱不安,所以他们才更加强化理念,把"人与人之间的温情"作为一种理想(理念)延续下去。然而,关于这一点却颇有蹊跷。

经历过妇女解放运动等各种反对歧视的运动之后,现代日本人对歧视语言变得神经过敏,各种评判标准也不再像从前那么苛刻了。然而,关于"好人"的理想类型(借用马克斯·韦伯[1]的术语),却似乎没什么变化,无论是和我小时候相比,还是和二战前、明治时期[2],甚至江户时期[3]相比。"好人"——从不固执己见,而是谨言慎行,注意体察周围人的心情,分清自己所处的立场(或身份)……女性可能更符合这种标准形象吧。

一直以来,我周围都有很多这样的人。与其说讨厌,

---

[1] 马克斯·韦伯(1864—1920):德国著名社会学家、经济学家、政治学家。
[2] 明治时期:1868—1912。
[3] 江户时期:1603—1867。

更确切地说，是一见她们在旁边就觉得心烦。她们非常关心身边的人——如果这种关心仅限于自己的丈夫和孩子，可能会被认为是自私的表现；但如果射程再远一些，对朋友、同事、远房亲戚，甚至不太熟的人也一样关心的话，那就是典型的"好人"了。当然，认识她的人都对她印象很好。

"朋子，你这人啊，老是为大家的事情操心，还是多考虑一下自己的幸福吧！"别人拍拍她后背劝说，她也只是恬静地微笑。不一会儿，又见她为了大家的事而奔走出力了：热心地给别人做媒；安慰失恋的人，甚至还亲手做了饭菜送去，以示鼓励……而自己却不求回报。NHK电视台有个晨间节目"小说连续剧"①（我对"晨间剧"这一简称有些抵触），以前我经常看，但最近没在看了，剧中主人公大都属于这种类型，可以说是一种全民理想人格吧。

有时我会反省自己：为什么看"好人"不顺眼呢？其实，绝不是因为相比之下，我的良心受到了谴责，而是因为她不肯放弃"不幸的人"。她一旦觉察出别人有一点儿不幸，就立刻想要安慰对方，不仅想，而且立即行动，绝不会袖

---

①NHK于1961年开始播放的日本电视剧系列。

手旁观。当然,我并不是嫌她多管闲事。

她的关心绝不强加于人,所以你也可以拒绝。但如果被拒绝的话,她就会显得非常失落,虽然只是轻轻地嘀咕一声"哦",但浑身都表现出失望之情。倘若对方感觉迟钝,自然不会把这当成一回事;但我却是敏感之人,不忍坐视不管,只好接受了她的好意。于是,她立刻容光焕发,变得快活起来。无论受到什么刁难和责骂,她都能保持忍耐,一直尊重对方,绝不还击。

您大概明白了吧。例如,《东京物语》里的原节子[1]、《请问芳名》里的岸惠子[2]、《二十四只眼睛》里的高峰秀子[3](其实我很喜欢这个人物,也很喜欢扮演者高峰秀子)、《冰点·续集》里的岛田阳子[4]等。老电影里的女主人公都属于这种类型。她是如此"心地善良",而且还是绝世美女,所以,最终我们一定会屈服,而她则高奏凯歌——这是显而易见的结果。

---

[1]原节子(1920—):日本女演员,曾出演小津安二郎导演的电影《东京物语》。
[2]岸惠子(1932—):日本女演员,曾出演广播剧《请问芳名》。
[3]高峰秀子(1924—2010):日本女演员,曾出演木下惠介导演的电影《二十四只眼睛》。
[4]岛田阳子(1953—):日本女演员,曾出演电视剧《冰点·续集》。

棘手的难民问题

"想看见大家高高兴兴的人"会出现一个稍为粗野的变异——"乐于助人"的人,其中也是女性占绝大多数。我在以往的人生中遇见过很多这种人,简直让我不胜其烦。

我希望她们能好好听一下曾野绫子[①]的演讲合集《从圣经学习人生》中关于援助难民的部分,并意识到:如果要真正地援助难民,而不仅仅是停留在多愁善感地表示同情的阶段,那将是无比艰巨的任务。一提到难民,很多人就以为他们是"心地善良的受害者",其实并非如此。曾野女士曾在演讲中问道:"为了生活,他们变得多么狡诈、多么会撒谎,大家知道吗?"又说:"如果各位成了难民,一定会比他们更无耻的。"说到此处,全场听众哄堂大笑。

所谓"乐于助人",其实只是在自己愿意的时候去帮助自己想帮助的人而已,只是一种自我满足。如果能意识到这一点倒也罢了,可是他们却往往向对方索取"感谢"。

---

①曾野绫子(1931—):日本女作家、社会活动家。

自己付出了这么多,如果知道对方并没有心怀"感谢",难免会生气。但请注意:"乐于助人"是你的自由,但绝不能索取回报。有时这甚至会招来对方的无情对待,或蛮不讲理的误会。即便如此,你也心甘情愿地去帮助对方。这样,才算是真正的"乐于助人"吧。

既然提到演讲录音的话题,就顺便说一下,我喜欢听名人演讲。即使在众多演讲录音当中,曾野绫子也是出类拔萃的。她的声音圆润、优雅、真诚。也许是因为我见过她的端庄面容吧,每次听演讲录音时,都会联想到她的美丽身姿。这是别人所没有的效果。至于小林秀雄[1],我则觉得看文字要好得多,这可能跟我的个人喜好有关。他的声音像落语家一样尖着嗓子而且略显轻浮,虽然别有韵味,但我却不太喜欢。

听小说朗读录音也很有趣。天才作家写出的作品,即使用耳朵聆听也会觉得神清气爽,格外动人。我尤其喜欢宫泽贤治[2]的作品,其中一个原因是,朗读者是我特别喜欢的岸

---

[1] 小林秀雄(1902—1983):日本文艺评论家、作家。
[2] 宫泽贤治(1896—1933):日本诗人、童话作家。

田今日子[1]、市原悦子[2]，那些日本东北地区方言和儿童语言、拟声词交织在一起，形成一个诗意盎然的世界。另外，太宰治[3]、芥川龙之介[4]的作品也是节奏铿锵，听起来十分入耳。

前几天，我在成田机场买了筱田三郎[5]朗读的中原中也[6]诗集录音带，在飞机上听。那声音真是沉静优美。比起那首以"所爱既死，唯有自杀"开头的绝唱《春日狂想》，我反而觉得那首轻描淡写的《春天又来了……》更感人。听着听着，我被他痛失两岁幼子的心情所感染，不禁泪流不止。

> 有人说，春天又来了
> 而我却凄凉难耐
> 春天来了又如何
> 那孩子又不会再回来

---

[1] 岸田今日子（1930—2006）：日本女演员、配音演员、童话作家。
[2] 市原悦子（1936—）：日本女演员、配音演员。
[3] 太宰治（1909—1948）：日本作家。
[4] 芥川龙之介（1892—1927）：日本作家。
[5] 筱田三郎（1948—）：日本演员。
[6] 中原中也（1907—1937）：日本诗人、翻译家。

回想今年五月
还抱着你去动物园
看见大象,你说"喵"
看见小鸟,你也说"喵"
……

巡夜老师

如果让我再列举一位现代演讲名家，我会举出"巡夜老师"——水谷修[①]先生。在电视里看过几次他的演讲，确实厉害。我最怵演讲（也不擅长），所以很羡慕他，同时也知道自己永远无法企及。在他的精彩演讲背后，有一种对自己话语的绝对自信，而更深层处，是对自己思想的绝对自信。他认为：必须拯救那些被父母以及大人们抛弃、整夜流浪街头的吸毒少年。他的意志坚定不移，而基于这一信念的行动力，更是令我甘拜下风。

其实我见过他两次。他相貌堂堂，浑身散发出真诚的气息（所以和我不是一路人）。他向来只说实话，从不说谎，也从不炫耀。他的所有行动都是出于真心——希望少年们改过自新，从来没有别的私心杂念。结果他出名了。如果想要感召更多的少年及其父母、老师，当然是越出名越好。但对他来说，出名的意义也就仅此而已。大家都能深深地

[①]水谷修（1956—）：日本教育家，原高中教师。为了帮助吸毒、犯罪的失足少年，夜间常在繁华街市巡逻，因此被称为巡夜老师。

感受到这一点，所以都认为他是个值得尊敬的人。

然而，事实上我却心存疑惑，虽然我并没有丝毫要指责他的意思。主要有两个原因：其一，他鼓励少年们说："只要摆脱黑夜，回归阳光下的世界，那里就有精彩的人生在等待你们。"其二，他认为："你们逃往黑夜，沾上毒品，摧残身心……所有的这一切都应该归咎于大人，是他们没有紧紧拥抱你们，没有好好爱你们。你们是纯粹的受害者。"按第二点的逻辑，水谷先生深信：孩子们都是单纯的，应该得到爱护。虽然有些矫情，但"孩子们堕落的责任多半在于大人"的观点还是能理解的。不过，对于第一个观点，我却不敢苟同。

因为我深知：即使回到阳光下的世界，也不见得就会有"精彩的人生在等待你们"。沉湎于吸毒、为了得到毒品而屡屡犯罪、遭受近乎强奸的虐待——与此相比，好好上学、做自己喜欢的事……这种"健康"的生活当然要幸福很多。但我立刻想问："那接下来呢？"按照正常逻辑，接下来自然就是找工作、结婚、成家……极其"平庸"的生活。而且，最终结局是死亡。所以我难免要发牢骚："其实这样的人生也挺没劲的。"

很多年轻人正是因为这句牢骚话而投奔到我门下。即使在阳光下生活，终究还是过着无聊的日子，对于领悟到这一点的人，我不知该如何安慰。换言之："即使鞭策自己回到阳光下、拼命努力地生活，人最后也会死掉的呀！"对于这样的呼声，水谷先生并没有给出答案。我知道，对于水谷先生来说，只要年轻人暂且能在阳光下积极地生活就行。但我认为，如果这个问题不弄清楚的话，一切都无从谈起。这就是我心存疑惑的原因。

家庭至上主义

　　我的疑惑，还表现在对水谷先生视如神圣的"家庭"观念的反感上。在他的演讲中，多次提到过这样的少年——由于家里贫困而被人欺负，但为了不让父母担心，一直全力隐瞒。水谷先生对这样的做法持绝对肯定态度。我对此并无异议。然而，这种态度很容易导致出现误区：那些清醒地看待家庭的人，通常会遭受世间冷眼；而那些不太顾及父母的少年，自然也会受到批判。

　　这种态度极其普遍。有个电视节目经常报道失足少女改过自新的真人真事，不知为什么，每次结尾都是千篇一律——女儿身披新娘服装，向父亲致谢，父女俩都当场放声大哭。"改过自新"的象征，就是那身新娘服装，随后就是生孩子吧。像这样，"家庭"的规矩将会一直束缚着她。在改过自新的道路上，"家庭"起着核心作用。我认为对于这种老一套的家庭观，从不怀疑、墨守成规，这样的态度是专横而粗暴的。

　　确实，当一个人生病或遭遇事故时，最关心自己的就是家里人。也正是在这种时候,才能深切地体会到家庭的温暖。反过来说,这种时候,家里人就应该最关心自己,其次才轮到别人,这是心照不宣的规则。只有家里人才可以无所顾忌地表达关心,别人不能越俎代庖。这条规则简直可谓残酷。所以,如果有人说:"昨晚我妻子死了。"大家都会神情肃穆。但如果说:"昨晚我情妇死了。"大家就会表示不屑。如果有人说:"我丈夫遭遇车祸,伤势严重!"大家会为之震惊。但如果说:"我的情夫遭遇车祸,伤势严重!"即使声泪俱下,大家也只是面面相觑。在这场社会游戏中,大家都配合得十分巧妙。家庭是社会制度,同时也是一种自然形态。在这种认知的支撑下,家庭以其特殊的紧密性得到全社会认可。我只要一看见那些为家庭而忙碌的人,就能感觉到他们的骄傲之情。

感慨"家庭真好"的人,显然是不知不觉地接受了上述规则,而且从不怀疑它所构建的排外型人际关系。我把这种不加批判的家庭主义称为"家庭至上主义",并直斥其简单且麻木的暴力性。有人大爱家庭,当然没问题,但这绝不是人类的共同理想。有人不想拥有家庭,有人讨厌家庭，有人怨恨家庭……像这样的家庭批判论者随处可见，这是正常现象。

我尤其讨厌的是，那些家庭至上主义者往往觉得自己才是"正常"的。他们认为：既然自己是正常的，那不正常的人就必须"接受治疗"，至少也应该被同情——"没有家的人多可怜啊"。

《大丈夫宣言》

然而,最让我反感的,还是佐田雅志[①]的《大丈夫宣言》。这首歌我听过很多次,每次听到时,都仿佛被那一句句歌词渗透全身,十分难受。整首歌词抄录如下:

> 在你嫁给我之前
> 我有话要对你说
> 虽然不太中听
> 但都是我的心里话:
> 你不能比我早睡
> 也不能比我晚起床
> 饭菜要做得香喷喷
> 人要打扮得漂漂亮亮
> ——尽力而为就行
> 你要记住:
> 工作做不好的男人
> 是没能力守护家庭的

[①] 佐田雅志(1952—):日本创作型歌手、演员、小说家。

家里的事只有你来做了
别的事你就少插嘴
乖乖地听我的吧

你父母和我父母都一样
要好好待他们
要跟婆婆小姑和睦相处
只要有爱,这不难做到
不要搬弄是非
不要争风吃醋
我不会在外面拈花惹草的
——可能不会吧
不过,你最好还是有点心理准备
幸福是由两个人共同创造的
而不是某一方吃苦就能得到
既然你离开家来投奔我
就再也回不去啦
从今以后,我就是你的家

当孩子长大
我俩老了的时候

你不能比我先死

哪怕是一天

也不能比我先死

我死的时候

什么都不需要

只要你握着我的手

流下至少两滴眼泪就行

我一定会对你说：

因为有你，我才过得这么幸福

你要记住：

我爱的女人

我爱的女人

这辈子只有你一个

你要记住：

我爱的女人

我爱的女人

这辈子只有你一个

这首歌故意以传统大男人的口吻说出心里话，但其实一点儿也不传统，反而通篇洋溢着近代西方的爱情观念和家庭观念。一般来说，男人总是在结婚前扮演新好男人，婚后则原形毕露地变回传统大男人。但歌里的这个男人却恰恰相反，假装扮演传统大男人，骨子里却是个新好男人。性格看似粗糙，实则纤细。看似拘泥于传统观念，其实很尊重女方的人格，也真心爱着她。

这份宣言虽然都是常识性的内容，也正因如此，让对方觉得很真实。而且，对于女人最想听的话，就明确说出来，告诉她："这辈子只爱你一个。"其他无关大局处则适当表现一下男人的霸道和坦诚。他要让对方明白："虽然我不是模范男人，也不是模范丈夫，但我完全向你敞开心扉，这是我唯一能做的。"从这个男人的撒娇之状可知，他早就计划着对方一定会接受这一切。而且，他的狡诈也表露无遗——他心里早已经打好小算盘：未婚妻以及整个社会都会微笑着欢迎自己的。

听过我的演讲后,有三个人精神异常?

偶尔有人邀请我去做演讲,其中一半左右我会应邀前往。所以,一年演讲个四五次。

去年7月份,我在庆应义塾大学湘南藤泽校区的"福田和也[①]研讨班"上做了演讲。福田先生和我并不熟,也并非对我特别赞赏,那为什么会邀请我去呢?因为这学校有个叫T君的学生曾经参加过我主办的哲学道场"无用塾"(去年秋天关闭了),他后来去参加福田研讨班时,向福田先生推荐了我。福田研讨班有时会举办作家演讲,其中有一次活动就邀请了我去,虽然福田先生很不情愿(原因后文再说)。

我还是第一次去湘南藤泽校区。绿树环绕的平缓丘陵上,别致的灰色建筑物点缀其间,正中央有个水池,清澈如镜。学生们三三两两地躺卧在斜坡上。这校园真美,简直跟天堂一样(虽然我从没去过)。不知为什么,这学校

---

① 福田和也(1960—):日本文艺评论家。

有很多学生曾参加我主办的"无用塾",让我感慨良多。两年前自杀的 K 君就来自这里——关于 K 君后文再谈。听说这学校有挺多人自杀的,但是在这样优美的环境里,死了也甘心吧,我只能这么强解人意了。

当天,有 50 多个学生来听演讲。演讲主要围绕我的著作《半隐遁的人生》展开。其间 T 君提了很多问题。

在演讲过程中,有时我会口无遮拦地抛出一些偏激的言论,例如:"父母去世了,但我一点儿也不悲伤。我还扬言要和所有亲戚都断绝关系,甚至不想见到老婆孩子。"每当这时,T 君就会打断我,让我回到原来的话题。学生们都老老实实地听着。不过,出乎意料的是,一到提问环节,各种五花八门的问题都出来了。有个男生满脸失望地问道:"难道你对于自己的亲生父母就没有任何感情吗?"我回答说:"我从不去扫墓。因为我知道,坟墓里只有一堆白骨……"演讲结束后,他们为我准备了慰劳会,在新宿举行。可是参加者竟然比原定人数少了 10 人。看来,我这样的人确实不受大家欢迎。(福田先生正因为早有预料,所以才不愿请我来做演讲吧。)

那之后不久,我和福田先生一起出席某个聚会时,一见面他就向我汇报说:那次演讲之后,有三个女生出现了精神异常。

但我无动于衷,于去年 11 月又开了两场演讲会:

一场在独协大学,题为"幸福与道德善的关系——从康德的根本恶谈起",是为了纪念康德① 逝世 200 周年而举办的。演讲内容即我后来为岩波新书写的《关于恶》一书。我强调说:"人无论如何努力,最终难免还是会沦为恶。"幸亏有康德这位伟大的权威做后盾,才能镇住大家;如果是我自己的观点,那听众一定会嘘声四起吧。

另一场演讲在涩谷图书馆,题为"人生的荒谬性与工作"。这次纯属"自己的观点",所以严厉的批评汹涌而来。演讲开始时,我首先表明自己对读者的一贯态度:"我当然要感谢读者,但我对任何一位读者都不感兴趣。所以,我既不愿私下约见,也不愿签名……"说到这里时,会场到处响起了窸窸窣窣的声音——大家纷纷把我的书收进了

---

① 康德(1724—1804):德国哲学家、德国古典哲学创始人,其学说对近代西方哲学产生了深远影响。

包里。这种情况经常发生。每当此时，我会渐渐沉浸在自己营造出的氛围中，突出自己的反社会形象，比湘南藤泽校区那次效果更佳。

到了提问环节，听众纷纷质疑。最后，一位 70 多岁的老人冲我嚷道："你根本没有资格结婚！"我回答说："嗯，我也有同感。"之后，他就生气地瞪着我。

既然是我做演讲，那内容必定是反社会或非社会性的。然而，为什么还有这么多人来听（独协大学那场约 200 人，涩谷图书馆那场约 60 人），而又向我表示不满呢？不乐意的话，干脆在家睡觉得了，又何必来听呢？真是莫名其妙。

第四章

总是积极面对生活的人

不思考的人

你周围一定有这种人——双目炯炯有神地仰视着上前方，拂去身上的灰尘，不惧怕艰难困苦，总是积极地面对生活……

这种人也是以女性居多。她们很快就能忘掉烦恼、悲伤的事，积极乐观地向前看。即使遇到悲惨的遭遇，即使被人欺骗，她也会立刻用围裙擦干眼泪，展现出明朗的笑容："这点小事，算什么！"其实，她们往往比一般人经历过更多烦恼和悲伤，所以，每当快要被这些接二连三的苦难压垮时，她们就会鼓励自己："无论发生什么都不要怕，要积极地面对生活！"渐渐地，这个来自内心的声音变成了上天的指示。每当快坚持不下去时，就会听到远处传来这句话，不由恍然大悟："对呀，就应该这样。"把这句话作为精神支柱，让自己努力地生活下去。

例如：女人靠一己之力维持丈夫留下的小公司；小剧场的女演员一直努力往上爬，终于获得今天的地位……像她们一样，在严酷的现实中历尽艰苦而且最终得到了回报——这样的中年女人,听着周围的赞美时,最适合把"积极面对生活"挂在嘴边,以告别过去的痛苦。她们具有一种自我催眠意识:如果不采取"积极面对生活"的态度,就活不下去。也就是说,内心深处有着无数悲惨、不可理喻的往事,有着心如刀割的屈辱,有着几欲负疚自杀的自责之念……但却被强行压抑下来。要是一直沉湎于过去,那这辈子可就完了。所以,平时要处处留心,不回顾过去,只向往明天。对了,《飘》①的主人公斯嘉丽就是这样的形象。

您明白了吧。斯嘉丽这种坚强的信念充满了魅力。在她的生活方式背后,有一种对理智和观念的强烈藐视。她的信念极其简单:只相信"现在自己手里拥有的东西"。在她心里,"活着"或者说"饭碗"具有至高无上的价值。为了活着,可以当小偷,可以骗人,可以背叛,甚至可以杀人……这就是她的"美学"。对于这一点,我实在不敢恭维。

至于"总是积极面对生活的人"为何以女性居多,这

---

① 《飘》:美国女作家玛格丽特·米切尔创作的长篇小说。

是因为女人在社会上取得成功要比男人困难,从斯嘉丽的时代到现在都一样。如果不积极面对生活,就会被压垮,无法坚持下去。然而,这并不全是社会的错,还和女人特有的逻辑有关——归根到底,就是完全以现实的眼光看问题。虽然这么一概而论很可能会引发众怒。可想而知,女人自然会脱口而出地反驳说:"优先考虑生存问题,难道也有错?"为了活着,可以完全不顾社会规则和道义。一般而言,女人往往认为:为了"真爱",可以大肆贬低别人,可以给别人带来不幸,甚至不惜以身试法……对于《情死天网岛》[1]和《冥途信使》[2]之类为了爱情而破坏社会规则的戏剧、小说,她们会下意识地表示赞赏。很多女人深信:"真理"存在于坚韧、顽强、朝气蓬勃的生活中,谁要削弱它的话,那就是"虚伪"。在这一点上,她们竟然不经意地成了尼采[3]的门徒呢。

写到这里,我忽然想到:从阿里斯托芬[4]的时代开始,

---

[1]《情死天网岛》:日本剧作家近松门左卫门创作的剧本。
[2]《冥途信使》:同上。
[3] 尼采(1844—1900):德国哲学家,西方现代哲学的开创者。
[4] 阿里斯托芬(约公元前446—前385):古希腊喜剧代表作家。

女人们就一直讨厌战争,因为"战争会死人"。在这简单明快的逻辑下,男人所有的原则、威信、名誉、自尊都毫无价值。而男人却执着地追求这些东西,实在是可怜。简而言之,男人们为了观念而发动战争;女人们却知道"活着"比观念更重要,所以反对战争。对了,请大家别误会,关于这一点,我认为女人一方是"正确"的。因为稍拉开点儿距离来看,就会发现男人们厮杀的场面很滑稽。

索性开一家死气沉沉的公司！

这些"总是积极面对生活的人"，如果只是遵循自己的信念，那倒也没什么害处。但问题是，他们往往会向周围人宣扬"积极面对生活"的信念，而且厌恶那些"消极面对生活"的人。

对于他们来说，"消极面对生活的人"无异于眼中钉。无论男女，无论在什么组织里，只要一看见消极面对生活的人，就会去努力调教他。我没在公司里工作过，不太清楚，但我想：大概全日本所有的公司都欢迎"积极面对生活"的员工吧。

我有几个梦想，希望在有生之年能够实现（恐怕不可能，所以只是想想而已）。其中之一，就是开一家死气沉沉的公司，让员工们保持"消极面对生活"的态度。应聘条件：首先，必须具有很强的工作能力；其次，要把赚钱和工作视为毫无意义。我只录用那些表明自己"迫于无奈才工作"的人。但这毕竟是公司，所以，对于不干活的人，当然会毫不留情地解雇；但我并不要求你工作时必须干劲十足，表现得不情愿也无所谓——确切地说，我更欢迎这种态度。

我这公司只是一个工作的地方，不举行任何庆典仪式和娱乐活动。我想，它一定会成为吸引众多人才的优秀企业。

之所以有这个梦想，是因为我有过这样的经历：那时，我考上了哲学系研究生，但似乎无望完成硕士论文，就在家里闲躺了一段时间。后来转念一想，为了生活，还是得进公司吧。于是拖着脚步出门，去各家公司转了一圈，领回许多宣传册。宣传册上登载的照片和文章是如此积极向上，几乎让人忘记了世间的死亡和阴暗面。这让我觉得十分别扭。之后参加各公司的应聘考试，偶尔也进了面试阶段。但也许是因为我的"忧郁"气质和公司氛围格格不入，而且这些都被对方看在眼里，所以，我参加的面试统统都失败了。当时，我就深有感触：多么希望有一家公司可以包容我们这些"消极面对生活的人"啊！

然而，在现实中，只有那些"总是积极面对生活的人"才能在公司里大摇大摆、昂首阔步。他们成为上司以后，一旦发现"消极面对生活"的下属，就会像战前的特高警察[1]一样上前整治他。

---

[1] 特高警察：1911年日本政府为了取缔左翼运动而设置了特别高等警察，简称特高警察。

绝不能闷闷不乐？

"总是积极面对生活的人"不仅在公司管你，而且往往还要干涉你个人的私生活，甚至是你的表情——他们一旦看见有人闷闷不乐，就会走上前去，要求别人强作笑颜。

"别再闷闷不乐啦！你这样子的话，你妈妈若泉下有知也会不高兴的哟。哪怕为了你妈妈，也得积极乐观地生活呀！"

"嗯，谢谢。我不会再哭的。"女儿说完，立刻不可思议地露出了灿烂的笑容。

父亲用双手捧着女儿的脸，微笑着说，"你唯一的长处就是你的笑容啦。"

"嗯。"

这是从电视剧里截取出来的一个片断。像这样，"总是积极面对生活"的善良市民们，一旦见到别人闷闷不乐，就会强迫说："笑一笑。"如今，很多人一看见别人情绪低落就立刻上前鼓励，这样的人遍布全日本，实在让我厌烦。

我讨厌鼓励别人，也讨厌被人鼓励，虽然我几乎没被别人鼓励过。想鼓励别人，这种意愿固然可以理解，但其实说白了就是这样的意思："我是信口开河随便乱说的，但都是为了你好。所以，请和我一起暂时沉浸于幻想之中吧。"

既然人生如此残酷，闷闷不乐本属正常，那为什么会这么让人讨厌呢？我觉得非常纳闷。想来想去，最后得出结论：对那些"积极面对人生"的人来说，如果身边有人哭哭啼啼、闷闷不乐的话，会严重影响自己的心情。当然，我也一样，如果身边有"总是积极面对生活的人"，我会感到十分厌烦，但却绝对没想过要去改变别人的信念。信念嘛，让他自己带到坟墓里去好了，只要别拿来强加于我、别侵犯我的领地就行。

想哭的时候就尽情哭吧

对别人闷闷不乐有意见的先生们，通常也不允许别人哭泣流泪。举个稍有些过时的例子——我很讨厌坂本九[①]的《抬头向前走》，特别是这首歌的歌词（永六辅[②]作词）。我不知道为什么非要"抬头向前走，不让眼泪流"呢？从歌词内容推断，应该是自己一个人在走，那就更莫名其妙了。如果是跟很多人一起走，自己忽然悲从中来、嚎啕大哭的话，也许会影响同伴的心情。而且，如果在上下班高峰的车站内或是在傍晚车站周围的商业街上边走边哭的话，路上行人一定会感到非常厌恶，唯恐避之不及。但即使这种场合，我依然主张想哭就哭。至于在晨霭弥漫的河滩或是在冷清的黑夜里独自行走，那就更无所顾忌了，为什么一定不能哭泣流泪呢？

其实我略有些理解：因为他们好不容易才强忍住悲伤、

[①] 坂本九（1941—1985）：日本演员、歌手、主持人。1961年发行的歌曲《抬头向前走》是其代表作。
[②] 永六辅（1933—2017）：日本广播作家。

拼命坚持到今天,担心自己一流泪就会"坚持不下去"。但我还是不太明白为什么非要强忍住悲伤。所以,总的来说,我还是没弄明白。根据我漫长的人生经验,人不会因为哭泣而"坚持不下去"。想哭就尽情地哭吧,不至于一哭就哭上十年八年的。无论如何悲伤,哭够了,自然就不会再流泪。

大约在两年前,一直仰慕我、说要跟我学哲学的K君投河自杀了(也很有可能是事故)。在那之后,我不可思议地哭泣流泪了好长一段时期。他曾给我发来传真,说有烦恼想找我倾诉,我回答说:"你自己解决吧。"之后不到三个星期,他就自杀了。可能因为这个原因,我常常讲着讲着课,眼前就浮现出他的面容,不禁潸然泪下、泣不成声,没法继续讲课。夜晚,自己在路上走着时,忽然悲从中来,号啕大哭。来到繁华的商业街时,当然会擦干眼泪;但一转入昏暗的住宅区,强忍着的泪水又立刻涌出来。和朋友偶尔一谈到K君,泪水就在眼里打转。两三杯酒一下肚,就忍不住当众流下泪来。

这种状况持续了三个多月。之后的半年,还经常触景伤情,潸然泪下。为什么会哭成这样呢?连我自己都觉得不可思议。虽然并非全无愧疚之念，但毕竟 K 君自杀的原因很复杂，跟我的过失没有直接关系。K 君对我既仰慕又憎恨，这跟我的病态人格颇为相似。这让我多少有些不安，想尽量和他保持距离。虽然我认同他的能力，但我确实并不"爱"他——无论是从爱情还是友情的意义上来说。所以，我并不觉得 K 君不在了，我就活不下去。说实话，即使从来不认识他，对我也没什么影响，但我还是泪流不止。连父母去世的时候我都没怎么哭过，现在却哭成这样，到底是为什么呢？自己的内心真是难以捉摸。不过，这些都无所谓啦。总之，我感到悲伤，所以哭泣、流泪。这一点是无法掩饰的。既然这样，那就顺其自然吧。于是，又继续哭了一段日子……过了两年之后，现在，我很少再为 K 君的自杀而哭泣了。

把不愉快的事全忘掉的人

从上述经历也可看出,对于不愉快的事,我总是连细节都记得一清二楚。越痛苦的经历,我越要固执地反复回想,有时甚至写下来,公之于众。对我来说,这样做并不是有意为之,而是一种自然状态。最终,还能起到治愈效果——我越是回想和记录不愉快的事,内心就会变得越平静。

弗洛伊德[①]有个术语叫作"快乐原则"(Lustprinzip)——我们从一生下来就追求快乐,避免不快。然而,在现实社会生活中,光这样是行不通的。我们还必须同时遵循"现实原则"(Realitätsprinzip)——压抑快感,忍受不快。

但我们无法据此解释,为什么自己会反复回想或多次梦见过去的痛苦经历。如果说做梦是为了满足欲望,那么,梦见过去的痛苦经历又是为了满足什么欲望呢?弗洛伊德如是说……拉康[②]如是说……这些专业理论在此略去。我想

[①] 弗洛伊德(1856—1939):奥地利精神病医师、心理学家,精神分析学派创始人。
[②] 拉康(1901—1981):法国精神分析学家、哲学家。

说的是，至少对于我来说，回忆痛苦经历并非不可思议，也无须引发争论，只是一件极其自然的事而已。

人活着必然痛苦。所以，如果我们认真追问："人生是什么？"那就只能回忆自己的痛苦经历，并且像牛反刍一样地反复"回味"。对于不愉快的事，我们要巨细无遗地记住，从各个方面观察体会。这样的话，今后人生遇到各种痛苦时，就会比较容易忍受了。

所有经历过原子弹爆炸、被关押在集中营的人，都绝不可能忘记这段经历。这不仅是因为他有义务将其告诉后世，而且正因为他度过了这段残酷的经历，所以才成就了今天的自己。审视自己人生时，不可能删除掉这段经历，即使能够，那也是一种自欺欺人的行为。

因此，无论是社会的不幸，还是个人的不幸，这种经历越痛苦，对人格形成的作用就越大。所以，还是不要忘记为好。

然而，像我这样采取自然处世态度的人，似乎只是属于极少数派。在这个国度里，到处都充斥着"把不愉快的事全忘掉的人"，更确切地说，是想忘掉、假装忘掉，至少也要尽量避免提及。

纵观人类历史，对于大多数弱者来说，治疗悲伤的唯一方法就是"遗忘"。所以，有人提醒我，不应该盛气凌人地指责他们。这点我倒是能理解。但即使完全认同，也必须指出："遗忘"是一种无可救药的（而且相当恶劣的）欺瞒手段。即使弱者不选择遗忘就真的活不下去，也不能因为它"适合弱者生存需要"就获得绝对的正当性。在现代日本社会，有很多人大肆宣扬"遗忘"理论，把它当作一面锦旗高悬在空中，以为这样就能让大众沉默。然而，这并不意味着"遗忘"的做法就是"正确"的。

第五章

为自己的工作感到"自豪"的人

在大学"教"哲学

确切地说,一般为自己工作感到自豪的人并不在我的讨厌之列。真正让我觉得别扭而且反感的,是那些给自己工作赋予太多意义和感情,而又从不反省的人。所以我讨厌的"自豪"是加引号的。

看看我身边的例子。大概是因为我比较敏感,如果看见哪个哲学家(或哲学研究者)对自己的工作感到自豪的话,我会觉得反感,甚至不愿意与他同处一室。按我的审美理念,搞哲学研究的人应该每天扪心自问:"我每天鼓捣这些就能领工资,这合适吗?"并为这个根本问题而受到良心谴责。然而,持这种想法的同行却很少。身为大学的哲学老师,他们非但没有丝毫疑惑,甚至还有人为此而感到"自豪"。

我想对他们说:既然这么喜欢哲学的话,自己"在家里"研究不就得了。我绝不是开玩笑。想通过教哲学这种没用的东西来赚钱,这本来就是个错误。从公元前开始,教造船技术、辩论术可以收钱;但如果仅仅探究"真理是什么",就应该像苏格拉底一样,不收钱才对。最多也只能像幕府末期时那样，在家开私塾，靠一点"施舍"糊口。如果这样还是难以维持生计，就在商业期刊上写些辛辣的杂文，或者写些简单得连傻瓜也能看懂的哲学入门书，靠稿费或版税养活自己。也就是说，按市场经济规律生产商品，获得相应的报酬。这个道理适用于作家、画家、音乐家等所有艺术家。要赚钱的话，就应该靠商品的市场价值，而不应该指望作品的艺术完美度或艺术热情。

当然，世上也有无人赏识的优秀作品，也有不具备商品价值的基础研究。但我们不要忘记，领先于时代的艺术作品不被人们接受，这是理所当然的。这些艺术家叹息道："我比时代超前太多了，以至于大家都不能理解！"他们在创作时就已经深知这一点。既然不肯降低高度去迎合世俗，那当然不可能被市场接受了。社会没有这么简单，不可能毫无遗漏地认可所有的优秀作品，并且立即支付相应的报酬。

同理，不能立刻体现出商品价值的基础研究也是必需的。但仅就哲学研究而言，像存在论、时间论、自我论、伦理论这种正儿八经的基础研究，其实只需要极少数人就足够了。

目前，"日本哲学会"① 的注册会员大约有 2000 人，基本上都是大学老师。但有资格凭这种基础研究而领取工资的人，最多只有其中的 5%（即 100 人）左右。对于其余 95%，根本不必支付工资给他们做"哲学研究"，应该立即解雇。

虽然完全没必要在大学开设哲学课，但培养下一代的基础研究者也许还是有必要的。要实现这一点，只需在一部分国立大学（东京大学和京都大学？）开课就足够了。日本全国人口 1.2765 亿人中有 100 人从事这一行就已太多了。

这么冷静地分析一下就知道，绝大部分（95%）哲学老师优哉游哉地从大学里拿工资是一件多么可笑的事。如果立即被解雇的话，恐怕大都活不下去（毕竟之前一直做着对其他行业毫无用处的事）。所以，希望他们至少要为此感到自责，并时刻为自己的不纯动机感到羞愧——自己除了教哲学之外一无是处，为了生活，只能从事这项工作。希望他们能深刻地认识到自己的软弱和狡猾，从而变得谦虚起来。

---

① 日本哲学会：日本哲学界的全国性组织，成立于1949年，会员均是专门研究哲学的学者和专家。

"文学研究"的严重浪费

其实不仅哲学研究如此,许多大学老师所从事的"文学研究"也是一种严重浪费。无论如何,我都觉得这项工作很多余,不值得浪费工资。为什么仅仅凭"研究"巴尔扎克、陀思妥耶夫斯基(比如说某部作品受谁影响、某个作家何时出现转折点等),动动嘴皮子,写写文章,就能拿工资呢?真是不可思议。当然,我并不是说对社会无益的事不能做。但既然知道自己所做之事对社会无益,就应该像作家、画家、作曲家、漫画家、演员、运动员一样,把自己的作品拿到自由市场,以此来维持生计吧?那为什么不这么做呢?因为很显然卖不出去。所以,他们不得不寄生在大学里,靠领工资过活!

他们当中的大部分人,一生中大概会出版两三本著作——大多是通过教材出版社发行的,根本不指望能卖出去。很不可思议吧。虽然也算商品,但从一开始就"保证"没人买的商品,居然还存在于时世维艰的现代日本社会。出版社又不是慈善机构(虽然有点类似),他们不怕做赔本生意吗？其实，出版社可厉害着呢！我因为经常和他们打交道，所以略知一二——在光怪陆离的出版现象背后，有一条简单的原则："不亏本。"

教材出版社和作者签订合约时，有时会向作者收取几十万日元，甚至还要求作者每年使用几百本教材（也就是让学生购买）。这样，凭借着作者自掏腰包和牺牲学生的利益，出版社发行区区两千册的研究著作并不会亏损。而对于希望进（更好的）大学任教或在大学里评职称的学者来说，出版著作实在是求之不得——一部著作大概相当于好几篇论文的"业绩"呢。而且，著作一旦出版，在狭小的圈子当中，一定会被大家看到，从而提高自己在学术界的知名度。基于以上原因，每年都会出现大量根本没有市场价值的研究著作。

例如，关于夏目漱石[1]的研究多得数不清，其中像江藤淳、岛田雅彦这样的著名评论家、著名作家的著作当然是有市场价值的（内容姑且勿论）。但一个没名气的大学老

---

[1] 夏目漱石（1867—1916）：日本近代文豪。

师写的研究夏目漱石的著作,又有谁会买来看呢?对于绝大多数读者来说,夏目漱石的小说很好看,这就够了。最多再补充一些关于"好看"的辅助信息,而不需要什么细致入微的"研究"。哪怕这是艰苦奋战 10 年才写成的博士论文,哪怕它开创了夏目漱石研究的新境界,对一般读者来说也毫无意义。而且,这些著作定价奇高(动辄上万日元),要有人买才怪呢。

我的大学改革方案

下面还是关于大学的话题。大学真是一个离奇古怪的地方，其运作规则与社会规则截然不同，它被大量的浪费所制约着。

如今，连国立大学也成为独立法人了。各大学为了生存发展，开始了激烈的竞争。虽然我不愿为此出力，但我想，有很多工作并不是非由大学来承担不可的，只要所有大学把这些多余部分都剔除掉，就一定能更合理地配置资源、精减人员，立竿见影地改善经营状况。进行改革时，必须牢牢记住两点：其一，从明治时期的《帝国大学令》至今，大学的社会职责已经发生了重大变化；其二（与第一点相关联），大学已经不再是培养精英的机构（部分大学除外）。从这两点可以得出结论：除了精英大学之外，"一般大学"只需进行技术教育，让学生一走上社会就能胜任工作即可。换言之，明治时期以来大学所承担的"人的教育"，可以全部转移到大学外。

具体而言，体育、外语、公共基础教育——这些课程应该全部废除，至少应该委托"外部承包"，学生只要在体育协会和外语学校取得相关证书，就能获得学分。在一些不具备这些设施的地方大学，则可尽量宽容，保留体育课和外语课，聘请外部讲师，但绝不能设置专职讲师。

哲学、历史、文学等公共基础教育课也一样。现在的社会已经和 100 年前不同，只要你真的想提高修养，这样的场所就无处不在，甚至光看电视纪录片也能获得教育。所以，公共基础教育课应该全部废除，至少应该委托给朝日文化中心等机构，由其颁发合格证书，以此换学分。这样的话，据说多达 12 万人的大学专职教师中将有 30% ~ 40% 被解雇，可谓卓有成效！尤其是 90% 的哲学教师将被赶出大学校门，真是大快人心！

本来，教育这种东西嘛，想提高的人自己去提高即可。在大学里通过学分规定强迫学生提高修养，这实在很可笑。即便在"哲学""伦理学"等课程中取得"优"，也不能证明这个学生弄懂了哲学，而且对社会毫无意义。唯一能证明的是，这个学生具有把无聊当有趣的禀赋，或具有迎合对方（教授）的特殊技能。大学的哲学课对社会毫无用处，这自不必说；如果稍有趣一些倒也罢了，但问题是它毫无乐趣可言。教哲学的老师也不争气，既然选择了哲学作为自己的专业，多少应该懂得一些哲学的乐趣吧，但他们却从没想过如何引导学生对哲学产生兴趣。他们只会滔滔不绝地讲述枯燥的知识，而这些知识本来只要自己看书就能掌握。如此严重的浪费，简直是罪过。

大多数艺术创作都是浪费

说到浪费，有许多年轻人梦想当画家、小说家、演员，最终却无法实现，只能放弃。这就是残酷的现实。打个奇怪的比方——看见他们，我仿佛看见无数鲑鱼产卵后的尸体（而且那些鱼卵还被天敌吃得一干二净！），让人产生一种虚无感。立志当作家的年轻人，连续5年参加某出版社的新人奖征文比赛（每年参加者多达一万人），才终于获得新人奖提名。但也仅此而已，并没有出版社来约稿。要继续往下写的话，需要强大的自信。就算碰巧摘得新人奖，也没法出书。就算出了一本书，也不一定能获得好评。就算这本书幸运地成为畅销书，但如果下一本不好卖，再下一本还不好卖，那他就会从此销声匿迹。可见，想要成为作家确实很难。

想当画家就更难了。我在附近的美术学校学过12年油画，所以深知其中的艰辛。例如参加公开征集作品的有名画展，连续10年提交自己的大作（100幅），就算终于有一次入选，也没有任何反响——这种情况太普遍了。秋季，上野地区会接二连三地举行许多有名的画展，每次会场都有三层楼，展出作品多达上千件。在外行人眼里看来，每件作品都具有高超的技巧，都是倾注了心血的力作。

去年秋天，我在东京美术馆看了两个画展：一个是据说水平特别高的"新创作展"；另一个是我们美术学校有很多学生参展的"东京展"。这么多画，认真地看下来，简直疲惫不堪——内心的"精神疲劳"比肉体疲劳更甚。算上当天举办的其他画展，总共有5000多件作品展出吧。我不禁问自己："我们需要这么多画作，需要这么多画家吗？"我不得不回答："显然不需要。"一种虚无感油然而生。但请不要误解，我并不是想劝他们放弃。只要自己想写小说、想画画，大可尽情地写、尽情地画。我想说的是：无论如何敝帚自珍，这无数"作品"拿到社会上，大都只会被当作废品而已。

仔细思考一下，就会发现现代日本社会存在无数浪费。无论哪家商店都堆满大量的、多种多样的商品。无论去药店买治肩膀酸痛的膏药，还是去电器店买咖啡机，几十种商品一起映入眼帘，让人目瞪口呆。特别是每次去书店，我都坚信，我们不需要这么多书。

总而言之，同人杂志有 1000 种也好，画展展出 5000 件油画作品也好，作家后备军、画家后备军达到几十万人也好，都需要明确一点：能否在社会上获得成功，完全取决于这件商品是否具备市场价值，而这种市场价值却往往具有偶然性。既然选择走这条路，就需遵循这规则，不要发牢骚。否则，还不如放弃。

真正有意义的工作

  当然，世上除了哲学研究、文学研究、教外语这些无聊的工作之外，还有很多真正有意义的工作。我经常乘坐飞机，所以感触良多——每当飞机顺利降落在跑道上时，我都会为飞行员的精湛技术而感动。

  特别是当机体剧烈地摇晃之后，在雾中隐约看见机场跑道时，我不禁想大声欢呼。有好几十次坐飞机时我都担心："莫非这次会掉下去？"所以，当飞机的后轮"咣当"一声接触到地面跑道时，我都格外感慨："噢，又可以再多活一段日子了。"

  从成田机场坐京王高速大巴去往调布市的途中，我就在想：这大巴司机的工作也是很有意义的。先不说返程，在去机场的途中，如果发生点什么事故或是受到事故影响，那么一整车人就可能坐不上飞机，有人甚至可能因此遭受人生变故。而司机总是那么镇定自若、精神抖擞地开着车。驾驶位上方醒目地写着司机的姓名——"庄司一郎""吉泽弘贵"等。我想：他父母、恋人，甚至连我这个乘客都会为他感到自豪的。

　　每次发生灾害时，我都会为出生入死的救灾队员而感动。中越地震①时，有一家人被埋在土里，其中年仅两岁的小男孩奇迹般地得救了。救灾队员紧紧抱着这个小男孩的大幅照片还被登上了奥地利的《信使报》（*Kurier*）。当时我刚好在维也纳，看见这则报道后感到十分自豪。另外，还有消防员、管道工人、电工、土木建筑工人、灯塔看守人、航空管制人员、海岸警卫队员、缉毒队员……他们不一定拥有很高的社会地位，也不一定能拿到很高的工资，正因为如此，他们的形象反而像英雄一样高大。

---

① 中越地震：2004年10月23日在日本新潟县中越地区发生了里氏6.8级地震。

圣埃克苏佩里

我很敬重飞行员,但却不太喜欢圣埃克苏佩里[①]。连《小王子》都不太喜欢,他的其他小说也读不下去。我20多岁时拿过他的《人类的大地》和《夜航》来看,但看不到10页就放弃了。最近,我又重下决心,在去往维也纳的飞机上(为了有身临其境之感)从头开始看《人类的大地》。咦,这次我竟然读得津津有味,甚至读到下面这部分时还潸然泪下。

  我们是出于极其偶然的原因才最终脱险。当时,我们对返回锡兹内罗斯已经绝望,所以决定朝着海岸线一直飞去,绝不改变方向,直到耗尽最后一滴汽油。这样的话,也许还有一线生机,避免葬身大海。……这时,锡兹内罗斯赫然出现在左方,千真万确。但距离有多远呢?我和内里经过短暂交谈,形成了一致意见——现在已经来不及了,如果飞往锡兹内罗斯的话,反而会错过抵达海岸的机会。于是内里回电说:"所剩燃料只够维持一小时,继续93度航向飞行。"

[①] 圣埃克苏佩里(1900—1944):法国作家、飞行员。代表作有《小王子》《人类的大地》《夜航》等。

在这期间，一个个中途站开始苏醒过来，阿加迪尔、卡萨布兰卡、达喀尔都加入了我们的通话。因为各个城市的无线电台向机场发送了警报，机场的主任们又向同事们发送了紧急通报，于是他们渐渐聚集到我们周围，就像围拢在病人床边一样。他们的热情虽然无济于事，但毕竟热情可嘉。他们的建议虽然只是徒劳，却让我觉得无比温馨！

随后，他们被图卢兹机场告知燃料还可飞行两小时，可以顺利抵达锡兹内罗斯。于是大为振奋，重新燃起希望，不料最后还是紧急迫降……

为什么我不喜欢圣埃克苏佩里的小说呢？他在《夜航》里也提过，用小型飞机运送邮件到南美边远地区确实是很有意义的工作，但小说里总是散发着一股浓烈的自我陶醉气息。飞行员从高空中遥望"人类的大地"，所以，不光是对自己的工作，对所有人类的生活都会觉得可爱。如果在地面上每天和人相处，恐怕写不出这种东西来吧。再进一步从心理分析——圣埃克苏佩里是为了写"可爱的人类"，为了让自己信以为真，所以才故意在天空中飞来飞去的吧。也就是说，他知道人类的丑陋和渺小，所以选择了天空，这样才能眼不见为净。这么一想,就觉得小说的字里行间仿佛都透露出作者的这种愿望,让我难以卒读。

这一点不太容易表达清楚——奥地利航空公司飞行员正确地履行飞行职务,让我感动;而圣埃克苏佩里非要塞进各种剧情,却很难打动我。他也许不肯承认:他把飞行当成了写作的手段,而且假装通过飞行追求某种"纯粹"的东西,但我却从中嗅出了不纯的动机。

列那尔的日记

我很喜欢看小说家和画家的日记。其中,特别有意思的是卡夫卡①和纪德②的日记。而比这更有趣的是列那尔③的日记,他从23岁(1887年)夏天开始一直写到46岁(1910年)临死之前。有趣在哪里呢?从年轻时起,他就渴望出名,结果靠《胡萝卜须》一炮而红,开始了小说家兼戏剧家的华丽人生。在日记里,他暴露出一个俗人的贪婪本性,并对此加以自嘲,而且他还深刻地认识到人生之虚无。这种种人生态度,读来甚是有趣。

另外,日记中对人的观察也机智诙谐,属于上品。有些语句甚至可以比肩拉罗什富科④的《箴言集》。如果可以的话,我真想把它们全部抄录下来。但篇幅所限,只能节选其中一部分,引用如下。(其中的"注"是我加的。)

---

①卡夫卡(1883—1924):奥地利小说家。
②纪德(1869—1951):法国作家。
③列那尔(1864—1910):法国现代小说家。
④拉罗什富科(1613—1680):法国文学家。

1894年（30岁）

7月10日

我相信，别人只要见过我一面，就不会忘记我。待我的虚荣心发作过后，冷静一想，又陷入茫然之中。如果巴黎市政府提议要公开授予我桂冠称号——这是彼特拉克①曾获得的礼遇，我也不会感到丝毫惊讶，而且我还能理直气壮地列举出无数理由，证明我配得上这一殊荣。

10月23日

我的书今天开始发售。我在书店里走来走去，斜眼偷看着那些堆积成山的书，引得店里的伙计不时对我投来轻蔑的目光。有的书店并没有这本书上架——也许只是还没到货，但我却为此而痛心疾首，把这些书店视为终生死敌。我竟然成了这样的人。

11月29日

我的自私心想要获得一切——既有登上凯旋门俯瞰天下的野心，又想故作清高假装不屑接受奖牌。试想一下，如果有人用托盘盛着法国荣誉军团勋章送到我面前，我一定会欣喜若狂。然后，我会忽然醒悟，怒喝一声："这种东西，快给我拿走！"

---

① 彼特拉克（1304—1374）：意大利学者、诗人。

1895 年（31 岁）

1 月 1 日

我在书店待了太久，只为了看自己的作品有没被转载；我看了太多的报纸，只为了看看上面有没有出现自己的名字；我赠送了太多的书，写了太多的题词……

1896 年（32 岁）

10 月 22 日

我还是明说了吧：是的，我并不爱妻子，也不爱孩子。我只爱自己。我曾扪心自问："如果他们死了，我会有什么感觉呢？"——我没有任何感觉。至少，在我的预想中，我没有任何感觉。

1897 年（33 岁）

9 月 30 日

我开始出名了。人们拍我的肩膀，向我打招呼。

1898 年（34 岁）

2 月 21 日

朋友，不能相识于成名之前。（注：因为如果只有其中一人出名了，那友情就会遭到破坏。）

3月5日

如果某个演员演技拙劣而观众还鼓掌的话,他的缺点将会更加凸显出来。

1899年(35岁)

4月14日

我赞同自己的观点。

1902年(38岁)

4月27日

莎拉(注:莎拉·贝恩哈特[①])的态度:她聆听自己不懂的事情时,脸上总是露出一副聪明的表情。

1903年(39岁)

8月19日

我常常不肯原谅别人,这一点还请各位原谅。

11月2日

我行文简洁得到了他们的赞美。接下来,我一个字也不写的话,岂不是更应该得到赞美?

---

①莎拉·贝恩哈特(1844—1923):法国女演员。

1904 年（40 岁）

1 月 11 日

他的画从没受到过批评。——根本就没有人评论他的画。

12 月 16 日

女人是不会思想的芦苇。（注：在法语里，"人"和"男人"是同一个词"homme"，所以帕斯卡尔① 的那句名言也可说成："男人是会思想的芦苇。"）

1905 年（41 岁）

3 月 15 日

"死神"的工作确实有趣，但老是来回来去做同一件事。

7 月 27 日

王尔德② 的《自深深处》让我们感觉到：没被关进监狱是一种遗憾。

1906 年（42 岁）

3 月 24 日

有时我会觉得，自己只剩下发脾气的力气了。

---

① 帕斯卡尔（1623—1662）：法国数学家、物理学家、哲学家。曾有名言：人是会思想的芦苇。
② 王尔德（1854—1900）：英国作家，唯美主义的代表人物。

3月26日

我变得比以前谦虚一些了。而"谦虚"却又成了我炫耀的资本。

7月1日

没名气的人逍遥自在。但没人向自己鞠躬,又颇为郁闷。

7月17日

随着经验日渐丰富,我终于确信:我并不是为了成就某件事而生的。

9月6日

当作家,是唯一一项即使不赚钱也不会被人瞧不起的营生。

列那尔出名以后,和父亲一样回到故乡当村长。对了,纪德晚年好像也当上了村长吧。我自己从没想过要当村长,所以实在不能理解他们的做法……

第六章

注重"分寸"的人

何为"分寸"？

首先举几个典型例子，看看注重分寸的人是如何出场的。

母亲一边泡茶，一边看着女儿，谆谆教导说："你不要再跟S先生一直未婚同居了好不好？我还没跟你爸说。你爸可是个非常注重分寸的人，他要是听说了，一定会骂你的。"

部长在公司里闲聊时，听说了课长性骚扰女职员的事，就立刻找到课长，严肃地说："要注意分寸呀。"

高中棒球队某日训练结束后，教练看见几名队员在后院喝啤酒[1]。次日，他召集来所有队员，哭着对他们说："虽然我也觉得遗憾，但做事必须要有分寸。你们几个就别想参加甲子园全国大赛了。呜呜呜……"

注重分寸的人无处不在，他们都是平常人——在大家生气时生气，在大家欢笑时欢笑，在大家悲伤时悲伤。然而，令人遗憾的是，注重分寸的人却从不思考"分寸"这个词

---

[1] 日本法律规定，未成年人不得吸烟喝酒。

是什么意思（在这一点上也太不讲分寸了）。因此，我们不能问注重分寸的人："为什么要讲分寸呢？"因为这么问就证明你内心堕落——不懂得分寸的家伙简直就是败类。在这个前提下，他们一本正经地搬出种种规则，强迫大家遵守，例如：男女有别、夫妻有别、师生有别等。

在这里，我们必须认识到：注重分寸的人表面看上去很重视合理的思考和行为，其实完全相反；他们表面上看似很善于思考，其实根本不会思考。他们的语气也许很坚决，但他们的态度和理性完全相反——不能运用语言来准确、严密地表达光怪陆离的各种人类社会现象。大家明白了吧？注重分寸的人不重视理性和语言。他们最不擅长通过积累概念、反复讨论而最终抵达真相。因为，即使不这么做，"分寸"也早就规定得清清楚楚了。

还有一点，我们不要被他们的外表所蒙骗。注重分寸的人表面上看似忠实于自己的信念，似乎具有一种"虽千万人吾往矣"的精神，但其实并非如此。他们看上去好像是打破社会常规的叛逆者，其实却完全恪守陈规。为什么这么说呢？因为他们注重的往往是社会上稍微有些松动的规矩。有一些陈规旧习逐渐废弃,但还没有完全消失,他们正是看准了这种"废弃程度",从而提出"男女有别""夫妻有别""玩和工作要分开",扮演着稍微有些传统的角色。

因此,他们不会强调"天皇陛下和臣民""日本人和旅居日本的外国人""正常人和残疾人"之间的差别,这是很巧妙的做法。换言之,注重分寸的人在二战前应该会大肆宣扬"帝国臣民和敌国国民有别""嫡子和庶子有别""正妻和小妾有别";若在江户时期,他们恐怕会一脸严肃地提出"武士和町人① 有别""地主和佃农有别"吧。

也就是说,注重分寸的人并不是想遵守已经没人相信的陈规旧习,他们着眼于另一种规范——在现代社会仍然具有怀旧意义、受到大家欢迎、还没有被废弃的规范。他们对这些规范十分敏感,并运用天才般的直觉发现它们,加以提倡。

这是理所当然的。所谓注重分寸的人,并非为了贯彻自己的信念而不惜被社会排斥的人。他们认为,只要注重分寸,就一定会有人关注,绝不会被社会淘汰。他们看准

---

① 町人:日本江户时期的商人和手工业者。当时推行士农工商等级制度,武士阶层比町人地位高。

了这一点,所以才敢叫嚣:"在如今这个冷漠的社会里,这些规范也许已经行不通了。但我还是讨厌不讲分寸的家伙。"如果说他们固执,那也是经过精心算计、知道自己不会被社会排斥的固执之人。

讨厌歪门邪道的男人们

"注重分寸的人"有许多问题,而另一种人与此相似,那就是"讨厌歪门邪道的人"。在绝大多数情况下,这都是男人。虽然应该也有讨厌歪门邪道的女人,但总觉得有些格格不入。最符合这种形象的应该是已过中年的大叔,而不是年轻人,而且最好不是知识分子。但也有像一心太助[①],或是夏目漱石的小说《哥儿》主人公那样的年轻人,二战后还出现过因不吃黑市米而饿死的法官[②],他们当然也属于讨厌歪门邪道的人。不过,最典型的还是工匠、厨师、鱼店老板等。过于脱离社会的人是不符合这种形象的。另外,因为过于讨厌歪门邪道而得了抑郁症、每天都要吃抗抑郁药的形象也不符合。典型的"讨厌歪门邪道的人"其实是生活中的平常人,他们深谙人情道义,是已婚人士,而且是个让老婆死心塌地的"好人"。

下面这个故事虽然有些老套,但很典型。奸诈的房地

---

① 一心太助:日本小说、戏剧中的虚构人物。
② 二战期间,日本颁布《粮食管理法》,实行粮食配给制。东京法官山口良忠虽口粮不足却拒绝去黑市换取食物,1947年死于营养不良。

产商看中了位于大楼间的一家拉面馆，趁男主人外出时上门，抓住老板娘威逼利诱："把这里卖了就能一下子拿到上亿巨款哦。"但老板娘却回答说："我家掌柜的最讨厌歪门邪道了。"遵照丈夫的指示守护这家破旧的祖传小店。

以下这个场面也很典型。当父亲得知女儿正和一个有老婆孩子的男人谈恋爱时，勃然变色，大骂道："邦子，你觉得这样合适吗？你知道对方的老婆孩子有多伤心吗？"又说："我最讨厌歪门邪道了。我没养过你这样的女儿，你不是我女儿，滚出去！"在一旁惊恐不安地看着的母亲连忙劝道："唉，我说老头子，你也用不着骂得这么狠吧。"并严厉地批评女儿："邦子，你知道你爸有多担心吗？虽然他的话说得有点过，但你这样做确实不对呀！"完全是在帮父亲说话。

像这样，讨厌歪门邪道的两个人一旦成为夫妻，就会形成美妙的共鸣，产生更大威力，所向披靡。我觉得反感，是因为他们根本不思考何为"歪门邪道"，正如"注重分寸的人"不知道什么是"分寸"一样。在他们看来，那是从神话时代开始就已经规定好了的，现在无须多想。

劝说"别给人添麻烦"的人

在日本，到处都能听到有人苦口婆心地劝说："别给人添麻烦。"其实这和前文提到的基本也属于同一机制。他们甚至还说："干什么都行，就是别给人添麻烦！"说这话的人已经很长时间（也许从出生开始）没有自由思考了，处于一种脑死亡状态。

他不知道，自己这句话提出了一个多么粗暴的要求。"别给人添麻烦"的"人"是指谁？也许是指大多数人吧。也就是说，这句话没有顾及少数派，忽视了人的多样性。另外，"添麻烦"是什么意思？对于某个人来说是麻烦，但其他人说不定很欢迎呢？他们从来不会产生这样的疑问。

而且他们还会一本正经地教导说："己所不欲，勿施于人。"然而，"己所不欲"也许正是"人之所欲"；而"己所欲"，却有可能是"人所不欲"。这么简单的道理，连十岁小孩都知道，而他们却视若无睹，实在令人震惊。

车上经常播放这条广播："在车厢内使用手机可能会给别人添麻烦，请勿使用。"然而对我来说，这条广播的"麻烦"要比手机大得多！但我的投诉却没人理睬。滑稽的是，所有铁路公司都在宣传："请勿在车内做出给人添麻烦的行为。"但对我来说，一切车内广播正是最大的"麻烦"！如果他们能意识到，"所谓'麻烦'是针对大多数乘客而言，某些怪人不包括在内"，那还情有可原。但他们并没认识到这一点。那些铁路公司的员工认为车内的"麻烦"不言而喻，却根本不考虑"添麻烦"是什么意思。他们就是不会思考的单细胞生物。

不仅如此，劝说"别给人添麻烦"还犯了一个根本性的错误。人生残酷如战场，如果不给别人添麻烦的话，自己是活不下去的，无论你对"麻烦"作何理解都一样。我如果停止播放"请记住带走自己的随身物品"这种多管闲事的广播，可能就会给那些经常丢三落四的人添麻烦；我如果把论文退回给学生，说"这论文写得太差了，我不收"，可能就会给他添麻烦；我如果说"请不要在车内化妆"，也许就会给女士们添麻烦；我如果在新生说明会上流露出无聊的表情，可能就会给新生们添麻烦……

我们活着就意味着要给别人添麻烦。所以，劝说"不要给人添麻烦"就等于下令:"不要活了,去死吧!"如果因此而自杀的话,又很可能会给父母、兄弟姐妹,以及其他很多人添麻烦。那应该怎么办呢?从这里开始思考就对了。老老实实地在这里停下来,即使茫然不知所措——应该说正因如此,我们才会明白:"要注意分寸""不要走歪门邪道""别给人添麻烦"之类的话不能随便说。

说别人"没出息"的人

　　如今,已经越来越少听见"人伦"一词了,真是值得庆幸。典型场景是这样的——某人眼中含泪,一脸严肃地说道:"你这样做可是有悖人伦的呀!"歌舞伎《三人吉三廓初买》①讲到了有人因为乱伦而被兄长杀死的故事。剧情有些复杂:有个名叫十三的伙计在妓院跟一个名叫登世的女子好上了,这女子其实是他的妹妹。兄长和尚吉三得知此事,认为只能把做出这种禽兽行为的兄妹俩杀死,而两人也接受了。一写完遗书,两人就变成了畜生,像狗一样喝水,然后被兄长砍死。

　　"人伦"多用于这种近亲通奸、弑杀父母等严重的禁忌。人们常说,谈论禁忌话题也是一种禁忌。所以,谈论或思考"为什么不能近亲通奸"这个问题也是被禁止的。作为禁忌,它保持着巨大的威力。大家应该很清楚,这种态度和注重"分寸"的态度如出一辙——他们不让你议论和思考什么是分寸、为什么要注重分寸,而且在此基础上形成

---

①《三人吉三廓初买》:日本歌舞伎的经典剧目,故事主角是三个名叫吉三的盗贼。

了根深蒂固的观念。

"你真没出息"这句话也令人反感。一听到这句话,我脑海里就立刻浮现出父母、兄长、老师、上司等长辈扯着嗓子,甚至是痛哭流涕的情形。他们面对在商店偷东西的女儿,或参与多人殴打流浪老人致死事件的儿子,又或者是因强制猥亵罪而被逮捕的弟弟时,一边目光里充满了愤怒和怜悯,一边痛心疾首地说:"你真没出息。"其实这句话并不能让对方信服。觉得对方"没出息",那是因为你太多管闲事了,是你自己一心期待,然后看见期待落空就说"没出息"。这太过分了!我忍不住想说:"既然儿子这么没出息,那你这当妈的也同样没出息啊!"你只不过是没有犯罪而已,就让自己置身于绝对的高处,把儿子看成有缺陷的人,拼命责骂。唉,你也够没出息的!

如果是迟钝而又傲慢的父母,也许还会声泪俱下地对儿子说:"对不起,都怪妈妈。都怪妈妈平时对你不够关心……"

唉,这父母也真够糊涂的!如果对犯了罪的儿子感到愤慨,可以大骂:"混蛋!卑鄙!残忍!"用不着摆出一副圣人的嘴脸,指责对方"没出息"。有这闲工夫的话,还不如好好反省一下自己平时的所作所为,把自己的"想法"全部用语言表达出来!

  我想:在这个世界上,人无完人,谁都没有资格去说别人(包括自家孩子)"没出息"。

要传达"愿意吃亏"的想法很难

如上所述,"注重分寸的人"有各种各样的变化形式。可以说,他们十分重视自己所处时代和地区的社会规则。他们遵守人际关系中最起码的规则,所以在性道德方面尤其苛刻,另外在金钱方面也抠得很细。

下面举一个例子。在我举办演讲时,主办方偶尔会把我的书摆放在会场入口处,供听众购买。每当这时,我会耐心地对主办方说:"钱算起来太麻烦了,差不多就行。我也没打算靠卖书赚钱(所以打7折出售),只是想让听众更了解我的想法。所以,即便有人不给钱、算错钱,都没关系。说得极端点,没人付钱也不要紧。"但主办方却根本不听我的。他们把销售数量一一记入详细的价格表中,合计好后,再把精确到十位数的书款交给我。

然后,他们仿佛羞于启齿似的对我说:"中岛老师,您看能不能给刚才帮忙的人表示一点心意?"即便不明说,也会暗示。于是我就给了他们1万日元。我并不是舍不得出这1万日元,而是无法接受他们这种态度——宁可让我掏钱也要优先执行他们的老规矩。

话说回来,在现代日本社会,至少是在公共场合,对于金钱是绝不能马虎的。对于金钱,大家都很注重"分寸"。

在某一天的系内会议上,讨论了两个问题:一、有一位老师超额使用了研究经费,但他现在已经调去其他大学了,那这笔钱应该从哪一块经费出?二、某位要退休的老师在清理办公室时想把自己的大量图书搬到图书室去,需要找学生来帮忙,学生的劳务费怎么办?结果讨论了一个小时还没得出结论。对我来说,比起这点钱来,时间要宝贵得多。因此我提议"这两笔费用都从我自己的研究经费里出"才终于了结。前一笔是30万日元左右,后一笔是2万日元左右。但系主任好像怎么也不能理解为什么要由个人来支付,向我确认了好几遍:"中岛老师,这样合适吗?"我写了很多无聊的书,靠"版税"收取不义之财,所以想趁此机会"赎罪",这种苦心,他当然也是不能理解的。

在现代日本社会,无论谁做事都有一个大前提:"(根据规则)尽量占便宜,尽量不吃亏。"在这种环境中,要传达"愿意吃亏"的想法极为困难。例如:大学里头,大家都在为取得优秀的研究成果而拼命努力，所以都想争取更多的研究经费和研究室，同时尽量减少上课和开会的负担——于是，大家耗费了大量时间开会讨论这个问题。这个愚蠢的悖论如今随处可见。我对上述问题毫不关心，所以觉得所有会议的议题都极其无聊。

我这人很笨，缺乏洞察力、判断力和处世智慧，但却不会上"花言巧语"的当。因为我讨厌"赚大钱"。最近我在电视新闻中看到，某位演员被传销活动骗去了 1.2 亿日元。我惊呆了：有这么多钱，一辈子都够用了，为什么还想要赚更多呢？虽然这么说有些对不住他。我觉得勤勤恳恳地做份正经工作挣钱是可以的，但却不愿通过炒股或倒卖土地赚钱。所以，我永远攒不了大钱，但也绝不会上黑心买卖的当。

赌博我也从来不参与。陀思妥耶夫斯基的小说中有很多赌鬼（他本人就是），但我却对逛赌场完全没兴趣。因为如果一晚赢了很多钱，会觉得非常"对不起"输钱的人，而且万一钱全被偷走的话就更为可恨了。维也纳市中心的繁华街道凯隆特纳大街上有一家国营赌场，有的日本人为了增长见识会进去玩,而我却从没进去过。

  弹子机房呢,我也只在40年前的学生时代去过一次。当时是因为好奇才去的,但却觉得很无聊。中奖也不觉得高兴,赢取奖品也不觉得高兴,所以我根本不适合玩这个。保龄球也只玩过一次,没意思。看来我讨厌所有的游戏,讨厌赌输赢。我从来没进过游戏厅打游戏,也从没玩过电子游戏。当然,这并不值得炫耀……

肉搏式的"互相谦让"

前面跑题了，下面回到"吃亏"的话题。

即使在现代日本社会，我们也经常能看到一些情形，令人诧异：怎么到处都是"愿意吃亏"的人？例如，几位中年妇女在咖啡馆里轻松地聊天（轻松过头了，以至于太聒噪）。接近尾声，准备结账离开时，发生了以下一幕：A女士一把抓过面前的账单，得意地笑着说："今天就由我来请客吧。"正要起身时，B女士说："为什么？这可不行！不能让你请。"想从A手中抢回账单。A说："没事，上次是你请的嘛。"接着就要起身去付款。这时，另一位C女士又跳出来嚷嚷道："今天就让我来请客吧，求你们了！"说着离开座位，抢先走向收银台，似乎死活不肯让A付钱。A追上去，大声叫道："这可不行！"随即猛冲向收银台。B也追上前来。当C打开手提包掏钱的时候，A已经迅速从钱包里拿出一张5000日元的纸币。C见状大声说："哎呀，不行！"B也喊道："这怎么行！"——这一幕都被端坐在收银台的女店员看在眼里。她目不转睛地盯着那5000日元纸币，然后又看了看那三个人，问道："这钱我可以收下吗？"A立刻回答："可以，请结账。"B和C互相对视了一下，一起说道："这样啊，真不好意思。那就多谢你款待啦。下次让我来请哦。"

只要是日本人，都知道这不是什么令人感动的"互相谦让"精神。她们之所以拼命"想请客"，是因为如果不这么做，就会觉得脸上无光。谁在什么时候请过客，付了多少钱，大家都会记得，而且算得一清二楚。结果，请客少的人有可能被认为"小气""迟钝"，甚至是"人品有问题"。为了防止出现这样的后果，大家都争着请客。C意识到自己在账面上处于一个比较危险的位置，所以拼命想要付钱，但却被A抢了先。看来，暂时只能投靠A了。B则暗自后悔：虽然自己也反对让A请客，但态度不够坚决，下次无论如何都要由自己来请，以免被别人说闲话……三人推门离开咖啡馆时，还各自在心中没完没了地"盘算"着。

也就是说，她们知道，比起在这里破费几千日元，更"吃亏"的是因为没付账，可能会从此给大家留下"小气""吝啬"的印象，甚至还落下话柄，所以她们才拼了命似的要请客。

钥匙事件

下面说的还是跟大学有关的话题。

最近发生了一件和"分寸"有关的趣事。我所在的大学是国立大学，所以管理制度很严格，除了大楼里的研究室和图书室的钥匙之外，其他地方的钥匙不允许私自带走（除非经过特别批准）。公用研究室（研讨室）的钥匙统一放在办公室保管。我们大学晚上还有课，时间是7点半到9点，但办公室5点就关门了，所以要拿到位于6楼的第一研讨室的钥匙相当麻烦。

首先，我要用自己的钥匙打开位于7楼的图书室，拿出放在某个隐蔽位置的办公室钥匙。然后，回到6楼，用这钥匙打开办公室，从挂着的一堆钥匙中取出第一研讨室的钥匙，并登记使用者姓名"中岛"。接着，打开第一研讨室。但因为其他老师可能也要用到其他研讨室的钥匙，所以我还得把办公室锁上，回到7楼，把办公室钥匙放回图书室原处。然后锁好图书室，再回到6楼的第一研讨室上课。上完课后，锁好第一研讨室，然后去7楼图书室，拿出放在那里的办公室钥匙，回到6楼，打开办公室，把第一研讨室的钥匙放回原处，擦掉使用者姓名"中岛"。然后，锁上办公室的门，再去7楼图书室，把办公室钥匙放回原处。最后锁上图书馆的门。真是烦琐至极。

于是，很多老师私下配了自己常用的研讨室钥匙。我经常使用第一研讨室，所以配了这把钥匙。这样一来，就变得出奇方便。第一研讨室离我的研究室还不到5米，我只需在上课前直接过去开门、下课后锁上门即可。你看看，这反差实在是太大了！

然而，有一天，对钥匙管理——不，是对一切管理都十分严格的S老师对所有私配钥匙的人进行了彻底调查。他给我也发了一封邮件，问我是不是持有第一研讨室的钥匙。邮件很长，里面说明了他为什么要过问这事，还说如果弄错了的话对不起……而他最后的要求却很机械："请回答'是'或者'不是'。"我立刻如他所愿地回了邮件。内容就一句话："是的，我自己配了钥匙。"于是他又很快发来一封长信："虽然知道目前的做法很麻烦，但从管理上来说也别无他法。"又说："如果反对这种做法，可以向教授委员会正式提出修改规则的建议……"最后他写道:"如果觉得不好意思当面归还的话,可把钥匙放在信封里交给教务员。"看到这,我不禁哑然失笑。今后又要重复那套来回来去的烦琐过程,的确令人郁闷。但违反规定倒也属实,无话可说。另外,我根本不觉得归还钥匙有什么不好意思的。于是我立刻跑到办公室,把钥匙和S老师的邮件一起交给了教务员。

结果,当天又收到S老师发来的一封更有趣的邮件。邮件里说:"这是一般人做不到的,令我颇受教益。"嗯,他说得没错,我确实不是"一般人"。

我不会袒护自己指导的学生

既然说到大学的话题，就顺便再举一个事例，虽然可能和"分寸"没什么关系。

我所在的人际交流专业已经成立6年了，2月份举行毕业论文答辩，届时老师们会阅读学生们的毕业论文，然后开会评审，决定每篇论文是否合格。我之前一直教公共课，没有参加过毕业论文评审会，而且哲学系以前也没有实施过这样的制度（无论在日本还是国外）。所以初次参加评审会时，我觉得很不适应，对众多老师争吵不休的情形感到疑惑。一旦自己指导的学生论文或答辩稍微受到一点儿批评，有的老师就会怒目圆睁地进行辩护，还有的老师会拼命攻击对方指导的学生。在评审会议上，大家都铆足了劲，甚至不惜为此翻脸（事实上，也确实有很多老师因为毕业论文评审而把关系闹得很僵）。

批评自己指导的学生就等于批评自己，所以他们才会拼命反抗吧。当然，我在这种场合下也很不"合群"——即便是自己的工作受到无理批评，我也不太生气。因为工作被别人误解是常有的事,而且我深知自己的工作完成得很糟糕,所以就算受批评我也认了。这和理智、诚实没有任何关系。大体而言,"学者"们老是摆出一副臭架子,自以为"了不起"。唉,毕竟他们从小学开始就在智力竞争中一路胜出,也难怪会摆架子。但很多学者所表现出来的拒不接受他人批评的态度,则只能说是臭不可闻。

即使毕业论文被评为不合格,也并非不能毕业,只要再参加二次答辩即可(走过场而已)。但不知为什么,很多老师对二次答辩非常抵触,他们表示强烈反对:"学生已经尽力了。""我认为这篇论文没问题。要让他参加二次答辩的话,我说不出口。""如果评为不合格,学生一定会很沮丧的。"……

我的研究室不太受学生欢迎(应该说完全不受欢迎)。受欢迎的老师会招到10多名学生,而每年来我这里的却只有两人左右,而且他们的论文题目都是诸如此类:《在精神科日间护理中使用计算机进行实践的考察》(题目太长!)《交流论视角下的食品玩具收藏》《通过比较国内外主要机场验证日本航空管制业务的问题点》(这题目也太长！）……今年这两名学生的题目分别是《关于魔法》和《坏习惯的交流》——这根本不像是电通大学的毕业论文题目。说得不客气一点，这些论文题目简直让人搞不懂他们为什么要来上电通大学。

而且，虽然最近论文质量有所提高，但我第一次指导的两名学生答辩都很差，其中一人被要求参加二次答辩。系主任盯着我问道："中岛老师，您看怎么办？"我回答说："让他参加二次答辩吧，因为我也觉得他很差。"然后我如实告诉了学生：评审会议上大家对他评价很差，我也这么认为，所以没有为他辩护。他本人也接受了，欣然（？）参加了二次答辩并顺利毕业——这又有何难？

第七章

一发生争吵就想立即制止的人

讨厌对立的人们

在日本这个美丽的国度，生活着很多讨厌"对立"的人。他们一旦发现人们之间有些许对立的苗头，就立刻觉得不舒服。很多人会上前劝解道："算了算了。"但更多的人却因为紧张的现场气氛而突然变得呼吸困难。如果再进一步升级为吵架的态势，他们就会坐立不安，想要找一个"紧急出口"逃走。他们的身体拒绝对立。因此，只要有人说话声音稍大一些，他们的头脑就一团混乱，无法思考，甚至还掉眼泪呢。

我在此前的人生中遇见过几十个这样的人。他们在生活（包括家庭环境）中一直尽力回避争吵，而且也在某种程度上实现了。他们处理人际关系的首要原则是"避免对立"，这是他们的最大心愿。

但大家可别误解，"讨厌对立的人"不一定能立即认清现状并采取关心体贴别人的行动。相反，大多数人根本不愿改变现状，而是把自己和外界隔绝开来，蜷缩在自己的世界里。对于日本的这种"文化"，我实在是看不惯。

　　例如，有这么一件事。小田急线上有一班浪漫号特快列车，车头部分是观光座位，很受带着小孩的父母和恋人们的欢迎，不过座位很难订。有一次，我偶然订到了观光座位。隔着通道坐在对面的是一位中年女士。我们旁边的座位都空着。离开藤泽没多久，后面传来了吵闹声。我回头一看，有三名小学低年级男孩正歪着脖子眺望前方的风景。我问他们："你们想坐在这里吗？"他们惊讶地点了点头。于是，我把座位让给其中两个男孩，准备坐到后面的空位子上。而通道对面那位女士从出发时就闭着眼睛坐在座位上，但又不像是在熟睡，偶尔会睁开眼看看。当她看见我换了座位，两个男孩坐下而一个男孩站在旁边时，却默不作声地闭上了眼睛。其实，不让座也行，但至少应该问一声："小朋友，要坐在这里吗？"然后让他坐旁边的空位子。如果她自己也想看风景，或是不愿给吵闹的小屁孩让座，那倒也罢了，但我觉得其实她是根本就"没注意到"！见她如此迟钝，我恨不得把她痛打一顿。不过，她大概会辩解说："我是按照车票对号入座的，有何不可？"

我很想对她说:"既然你在车上睡觉,那么不如把观光座位让给孩子们?"但我还是忍住了。因为几天前,我刚在一家寿司店里发过火。

"事不关己，高高挂起"的人们

这家寿司连锁店很便宜（一个寿司 120 日元），味道也不错，所以星期天人特别多，经常有客人为了等座位而在店外排长龙，我还有很多次在店外等上半个小时呢。但有些现象却让人纳闷：坐在吧台前的客人之间经常隔着一两张空椅子；一个人大模大样地霸占了四人座的桌子……所以，如果有三个人结伴而来的话，很难找到连在一起的座位。我一直在观察，而且越看越生气。有客人推门进来说："我们三个人。"女服务员大声回答："好的，是三位吗？请稍等！"按说整个店内都能听见，但坐在吧台前的客人里却没人肯坐得稍靠紧一些！霸占四人桌的男人充耳不闻地继续吃着寿司！而店里的厨师也不发一言。这种情形我已经见过多次了。

几天前，同样有三个客人进来了，但被告知"没座位"，不得不在店外等。我的座位旁边有两张空椅子，再往那边是一位母亲带着上小学的儿子正一起用餐，再过去又有一个空座位。如果这母子俩往那边挪一个座位的话，刚才那三个人就能坐得下了，但她却根本没有留意到。就这么过了 5 分钟,我用响彻店内的声音说道:"小朋友,你能坐到你妈妈旁边那个空位去吗?这样的话,刚才那几个阿姨就有座位坐了。"那个男孩吓了一跳,和他母亲面面相觑。过了 10 秒左右,那位母亲瞪了我一眼,仿佛怪我多事。然后慢吞吞地往那边挪了一个位子,她儿子也跟着挪了过去。然后两人继续默默地吃寿司。其间,厨师一直自顾自地做寿司,仿佛什么事也没发生一样。哼,真让人恼火!

我跟这位厨师很熟,就责怪他说:"你也真是的,为什么不让客人挪一下座位呢?只要你开口,应该没人会拒绝的吧!上次也是,大冬天的晚上,这么冷,还让好几个客人在外面等着,明明店里挤一挤就能坐下的!"

厨师呆呆地看着我,恍如梦中——因为他没想到现实中居然会发生这种情况。他说了好几遍:"对不起。"在这过程中,其他客人却一直事不关己地吃着寿司。

根据我对日本人生活状况的多年研究,我已经明白了其中缘由——无论客人还是厨师,都想尽可能避免"对立"。首先,像我这种打抱不平的客人是不会出现的;而在店外等待的客人即使看见店内有很多空位,也会为了避免"对立"

而保持沉默；厨师呢，如果贸然请求客人挪一下座位而被拒绝的话，反而会使"对立"趋向公开化。在日本，客人认为自己就是上帝，来到店里当然可以我行我素，不接受任何指示。所以，就算他勉强挪开座位，也会嘟囔一句"真麻烦"，或者默默地投来反抗的目光。这样一来，店内的气氛就会变得很尴尬。所以厨师绝不多嘴。

　　大家明白了吧？将"避免对立"视为最高指令的人，不愿"改变"周围的状况，无论它多么不合理。所以，他们打心眼里讨厌我这种直言不讳地命令别人的无礼之徒。但因为他们讨厌"对立"，所以绝不会向我表达不满。而且，有趣的是，刚才那位母亲一定会认为我才是个自私的人。她觉得："大家都遵循老规矩，而且一直以来都相安无事，这家伙却偏要打破规则，让客人和厨师感到不快。"所以，在她眼里，我是个自私的人，只会招人讨厌、令人反感。而像她这种人，正是在这个国家最常见的"讨厌对立的人"。

打女人是十恶不赦的事吗?

我经常和别人发生争吵(包括互相对骂),但打架斗殴之类的肢体冲突却从没试过。因为我一定打不赢,而且没打过,也不知道怎么个打法。但我却曾经在和妻子吵架时打过她。

三岛由纪夫[①]的小说《宴后》里描写了暴打妻子的场面。

野口问道:"你知道我为什么要去雪后庵吗?"

阿胜一边哭,一边轻轻摇头——这姿态不由自主地闪现出一丝妩媚。忽然,她脸颊上挨了一记耳光。她倒在地毯上大哭起来。

"你知道吗,"野口气喘吁吁地说,"你这个无礼之人!"

他一边骂着,一边拿起小册子来回扇她的脸……

"你给你丈夫脸上抹黑了!净干这种事。我一辈子都留下污点了。你真不要脸,不要脸!丈夫被大家笑话,你倒高兴了?!"

他接着又往倒在地上的阿胜身上乱踹。但因为自己身体

[①]三岛由纪夫(1925—1970):日本小说家、剧作家。

太轻，力量不足，每次踹到惨叫翻滚的阿胜身上，脚都被反弹回来。最后，他在桌前的椅子上坐下，远远地看着阿胜趴在地上哀号。

野口是个瘦弱男人，而阿胜是个丰满女人，这使得殴打场面颇为滑稽。有人主张要遵循这一规则：无论在什么情况下，男人都不能打女人。其实这是不对的。电影、电视里经常出现这样的画面：女人狠狠打了男人一个耳光，男人却只是闭上眼睛，忍痛揉一揉脸。可是男人无论被女人如何打骂也必须逆来顺受吗？并非如此。虽然一提到家庭暴力，几乎都是丈夫打妻子，几乎从没听说过妻子打死丈夫的。但这并不是伦理问题，而是美学问题——人们一看到男人打女人就产生抗拒心理，就好像看见男人穿裙子时觉得反感一样。

然而，日本已进入21世纪，必须打破这种老一套的传统美学才行。世上有很多比男人还强悍的女人，如果男人一味忍耐，说不定哪天会被打死呢。当男人感觉到有生命危险时，可以把女人痛打一顿，然后逃跑。应该允许男人进行正当防卫和紧急避难，即便对方是个女人。

三岛由纪夫的自杀

三岛由纪夫在和文艺评论家古林尚进行对谈时,曾这样说过:"如果我看见挨饿的小孩,也会去帮助他的。但这不是我的使命。"[1]

我明白他的意思。当时(20世纪60—70年代),萨特[2]、大江健三郎[3]这些行动派站在人道主义立场上质问作家们:"有很多小孩忍饥挨饿,你们却还在写文章,这合适吗?"并因此掀起了一股"忧民"风潮。在当时的背景下,三岛由纪夫这种毅然舍弃"弱者"的态度是十分勇敢的。

顺便一提,这次对谈时间是1970年11月18日,仅仅过了一周后,三岛由纪夫就自杀了。在对谈中,古林苦口婆心地劝说:"三岛先生赞颂天皇制,这很容易被人利用于政治目的,须慎重为好。"三岛却爽朗地笑道:"不,不会的。"古林仍喋喋不休:"三岛先生您觉得不会,但

---

[1] 出自《三岛由纪夫最后的话》。
[2] 萨特(1905—1980):法国哲学家、作家。
[3] 大江健三郎(1935—):日本作家。

实际上还是会被利用呀。"对于这个愚笨的文艺评论家，三岛只是回答道："不会。你很快就会明白的，你很快就会明白的。"不久，三岛就自杀了。

所以，这次对谈是三岛的"以死抗争"——既是对当时政权的不满，也是对只知空谈、不懂实干的愚蠢知识分子做最后的诀别。

尽管让父母担心好了

有些"心地善良"的年轻人，碰到什么不好的事时——例如被公司降职、和妻子吵架……为了不让父母担心，就对他们隐瞒。这让我很难理解。有什么事，只需像NHK新闻广播那样，一五一十地告诉父母就行了嘛。

我从没想过不让父母以及别人担心。如果有人为我担心，那就让他一直担心到死好了。这是他的个人兴趣，和我没有任何关系。我父母已死，而我的妻子、儿子、姐妹……无论是谁、无论如何为我担心，我都毫不在意。然而，我的这一理念似乎和现代日本的大部分人存在很大分歧。绝大多数人为了不让父母担心，总是报喜不报忧，装作若无其事；而父母即使觉得事有蹊跷，也知道儿女是为了不让自己担心才故意隐瞒，所以也并不追问。大家就通过这种方式进行交流。

举一个典型的例子吧。20岁的儿子（注意，已经20岁了哟）离家外出，一连好几天都没有音讯。父母心想应该不会有什么事，但还是非常担心，担心得晚上睡不着觉。到第三天，正在犹豫要不要报警的时候，儿子忽然回来了。

父亲大骂："你这小子，上哪儿去了！也不打声招呼，你知道我们有多担心吗？"要打儿子时，母亲一把抓住他胳膊，大哭起来。这时，儿子的反应一定是："谁让你们担心了！"或是："你们爱担心就担心呗，生什么气呀！"父母听了不禁扼腕流泪："你一点都不懂父母的心呀！"……

其实，正因为知道父母会胡思乱想，儿子不想让他们担心，所以才什么也不说的。

再看另一个母子对话的场景：

"阿建，没事吧？看你好像没精打采的。"

"没事。"

"你和幸子相处得还好吧？"

"当然，挺好的。"

"有什么事要告诉我呀。"

"嗯，知道啦。"

"我说真的哟。"

母亲像只蚊子一样嗡嗡嗡地在耳边喋喋不休，儿子也没有去拍打这蚊子，而是随便敷衍过去。放下电话后，和妻子对望一眼，暗暗发笑地嘀咕道："这老妈子真啰唆。"

当然，心里还是很感激的。唉，他们都是"好人"嘛。

有的父母只对儿子说："别给警察添麻烦就行。"这样的父母也是头脑简单。在某种社会体制下，所谓"守法"和"违法"，其实只是相对而言。而警察只抓违反"这个社会"的规则的人。

耶稣给警察添麻烦，被钉上了十字架；投身和平运动的伯特兰·罗素[①]给警察添麻烦，被关进了监狱；无产阶级作家小林多喜二不仅给警察添麻烦，还被警察打死了。

无论法律多么不合理，一般父母只是恳切地希望自己的孩子"不要被社会排斥"，但我却不敢苟同。在现代日本社会，应该没有荒谬得令人发指的法律，但说不定哪一天儿子忽然因涉嫌跟踪骚扰，或因为收藏凶器而被逮捕也不奇怪。即便儿子犯了抢劫、强奸、纵火等重大罪行，当父母的虽不至于表示赞赏，但也不必惊慌失措、哭得死去活来吧。应该如何对待儿子，如何对待被害人及其家属，当父母的应该如何做——这些都是需要慎重考虑的。

[①]伯特兰·罗素（1872—1970）：英国哲学家、逻辑学家、历史学家、和平主义社会活动家。

我和小谷野敦先生的论战

我很讨厌一发生争执就惊慌失措的人,但也并不喜欢那些一天到晚吵架的人。其实我很少和别人争吵,尤其是最近。这里需要说明一下:当我觉得不满时,也会冲对方大声叫骂、没完没了地抗议。但我的最大诉求是向对方传达我的不满。只要把"我很生气"这个信息传达给对方就行,即使对方不能理解其中缘由、不能消除令我生气的原因,也无所谓。这可能跟我从事哲学研究有关吧。我认为要让别人认真倾听、赞同我的观点,并且改变他自己原有的信念,实在是太难了,应该说几乎不可能。

我经常看见各位先生在杂志上进行论战,但往往说不到一块儿,仅是曲解对方的观点、滔滔不绝地论证自己的正确之处。双方都在叹息说对方误解自己,互相指责对方缺乏"谦虚"的态度。这些来回来去的争论,只要看上两回合,就已觉得无聊透顶。

最近,我在杂志《新潮45》上和小谷野敦[①]先生展开了

[①] 小谷野敦(1962—):日本文学评论家、小说家。

论战。小谷野先生此前写过很多关于我的文字。在2005年1月的期刊上，我做出了回应："他好像对我是大学专职教师这点耿耿于怀，而我却不在乎他是专职还是兼职；他好像对我的粗制滥造颇为不满，但我对他写了这么多垃圾书却毫不介意。"于是，小谷野先生在他自己的2月期刊专栏上写了一篇题为"答中岛义道"的长文章。

这篇文章的论点到处跑，不太明白他到底想说什么。文章结尾处有这么一句："作为康德研究者，中岛先生本人却是个和康德相去甚远的卑鄙小人！"我想，小谷野先生这么写真是太失败了。如果只是一些泛泛而谈的误解，那不去追究也罢。但关于我对哲学家的态度，却一向很明确——我在这份杂志上开了个题为"有一种无赖叫作哲学家"的连载专栏，第一篇（2004年10月刊）是这么结尾的："哲学家是最狡猾、低贱、软弱的卑鄙小人。他们自己也承认，但就是死性不改，即所谓'无赖'也。"在接下来的11月那期，我更是把目标对准了康德，以"丑陋、精明、狡猾的康德"为题，不厌其烦地写道："典型的哲学家康德，就是典型的无赖。正因为他的做法巧妙而狡猾，所以愈发显得卑鄙。"但小谷野先生竟然用"和康德相去甚远的卑鄙小人"这样的话来攻击我，实在太可笑了。唉，他都不看我写的东西，所以犯错也不知道吧。我很久以前写过一本《康德的人类学》，从那时起，我心目中的康德形象就一直是这样的了。而小谷野先生却对此一无所知，仅仅凭着街谈巷议的印象就大肆批判我。于是，我在下一期专栏提出了如下的更正请求：

> ……我当然承认自己是个"卑鄙小人"，但其实康德也是如此。在去年11月那一期杂志上，我明明写了一篇题为"丑陋、精明、狡猾的康德"的文章，不厌其烦地揭露他的卑鄙！小谷野先生，对不起，烦请您更正为以下这句话："作为康德研究者，中岛先生和康德一样是个卑鄙小人！"

我很讨厌在杂志上进行争论，因为我几乎没有半点"要打败对方"的好胜心。再稍做分析：（1）关于我的康德观，和小谷野先生继续争论下去也是徒劳；（2）关于小谷野先生的质朴的康德观，不必做无谓的批评；（3）即使指责小谷野先生的轻率和愚蠢也无济于事。尤其是考虑到这第（3）

点,我不愿在杂志上和他继续纠缠下去。而且,我意识到自己的这种态度看似谦虚,实则傲慢。关于这一点,后来的经历让我有了更深的体会。

我和小滨逸郎先生的梦幻书信集

小滨逸郎[1]先生也曾在他的著作中多次提到我。去年9月至10月，我应邀去他主办的"人类学研究所"做了三次讲座。讲座最后安排了我和小滨先生的对谈环节，大约30分钟，学员们也踊跃提问，现场气氛非常热烈。之后，我提议出版对谈集，以便把讲座中的对谈继续下去。小滨先生说自己不擅长讲话，所以就改成书信集的形式，从今年3月至6月，我俩通过邮件进行了几次对谈。但最终我还是决定放弃——取消出版计划。其实，为了准备这次对谈，我几乎读完了小滨先生的所有著作（30多本），而且满怀热情地回信……但终于渐渐感到厌烦，最后实在无法再坚持下去，只得放弃。我向出版社的责任编辑做了解释，并请他转告小滨先生。就这样，在我俩的对谈已基本完成的时候，出版计划却夭折了，就像已经看见机场跑道、准备降落的飞机忽然空中解体了！

---

[1] 小滨逸郎（1947— ）：日本评论家。

为什么我要决定放弃呢？小滨先生可能不明白我的想法。主要原因有以下几点：（1）随着对谈次数增加，我确信我们无法"互相理解"；（2）明知如此还要勉强维持下去，我讨厌自己这种虚伪的态度；（3）在继续对谈的过程中，我根本就不期望得到小滨先生的"理解"，这一态度在我的字里行间清楚地表现出来，让我更加厌恶自己；（4）对于我的这种心理状态，小滨先生似乎没有丝毫觉察，他的迟钝令我反感……

其实还可列出许多。总而言之，就是我内心深处意识到自己对小滨先生毫无兴趣，所以决定放弃。为了证明这并非虚言，下面就摘录几篇，来看看我"努力挣扎的痕迹"吧。

（第4次）

现在坦白地说，其实上一次收到来信时，我已经开始产生这种想法："没办法，还是放弃吧！"毕竟，我俩是生活在不同世界的人，不可能互相理解，不值得为此浪费精力。这种感觉与日俱增。过了几天，稍冷静下来，我又想："这个书信集的计划当初是我提议的，不好出尔反尔。不如就当作一次'试验',看看两个互不理解的人到底能谈拢到什么程度。反正,这场论战何时停止都无所谓,输了也无所谓,本来就没想赢……"这么一想,反而觉得轻松了,又鼓起了继续坚持的"勇气"。

(第6次)

收到您内容简洁的来信,非常感谢。对谈至今,已经完全偏离了我的初衷,所以我反而不再焦躁,能够冷静地进行思考。我仍然想努力把书信集继续做下去,直至完成。所以,我在回信时将会注意以下几点:(1)避免没完没了的抬杠;(2)不吹毛求疵;(3)不岔开话题,不逃避。

(第7次)

多谢您诚恳的来信。我这人虽然做事马虎,但对于"语言"还是很认真的。但坏就坏在我对别人也这样要求。至于这次的书信集,虽然在内容上有时令人郁闷,但小滨先生对语言的态度却从未让我感到不愉快。当然,我已经渐渐感到疲惫,这也是事实。也曾想过要放弃,但转念一想:不能这样懦弱,不能让之前的努力都化为泡影。说得夸张一点,为了今后的生活,现在也必须努力坚持下去。

(第8次)

收到您的长信,非常感谢。不出我所料,现在这书信集正朝着错误的方向发展。正如您也承认的那样,重复太多;而且双方都被自己的固定模式所束缚,很难去理解对方的本意。随着对谈次数增加,这样的情况变得越来越频繁。

我和朋友讨论哲学问题时,常常一说就是几个小时,甚至十几个小时,所以并没觉得小滨先生特别难缠。可是,虽然您的语言刚劲有力,但却始终误解我的观点、宣扬您自己的理念,这让我感到有些厌倦。并非因为纠缠不休,而显然是因为双方走岔路了,才导致彼此浪费精力。正因如此,所以我讨厌"思想辩论"。根据以往的经验,我知道:本来就注定了不可能有结果,只会增加彼此的误解和憎恨。

为什么思想辩论会变得徒劳无益呢?具体地分析一下,可举出如下理由:(1)书信集中多次出现这种情况——双方使用同一个词(例如"信念""存在"),但赋予词的含义却各不相同;(2)本来大家对世界的看法和关注点就各不相同;(3)价值观各不相同;(4)对什么感到愉快(或不愉快)也各不相同。

如果不充分考虑这些因素而一直继续下去,结果只会变成互相攻击,变成毫无成果的无聊争论。

收到小滨先生的回信后,我就立即向责任编辑提出放弃。以前,我和永井均先生也试过互通书信,但一轮之后就半途而废了。但这次是我提议开始,又是我自己提议取消的。从今往后,为了不给别人添麻烦,我似乎不该再做什么书信集,也不该再和别人争论。反正,从本质上来说,我对别人毫无兴趣——无论别人的想法多么荒谬、行为多么愚蠢,我都觉得无所谓。无论他对我有什么看法(包括误解),我也只是轻描淡写地说一句:"噢,原来如此。"

第八章

说话含蓄的人

"就放那首,你懂的"

  我很喜欢笠智众[1]这个演员,他经常出演小津安二郎[2]的电影。但他的说话方式却总是让人着急。例如,在经常光顾的小酒吧里,想听《军舰进行曲》时,他绝不会明说:"给我放《军舰进行曲》。"而只是说:"就放那首,你懂的。"吧台中的老板娘(岸田今日子饰演)也只是说:"噢,那首呀?"于是就开始播放那首乐曲[3]。回避专有名词,而用指示代词"那首"就完成了交流。

  在这个场景里,沟通得很顺畅,那倒没关系。但在很多情况下,这样是会妨碍交流的。例如:"那件事你办得怎样了?""呃,哪件事?""就那件嘛,你懂的。""噢,那件呀。"像这样,只是反复用"那件事"追问到底。我知道:这背后隐藏着大和民族的独特审美观——说话直白,会显得寒碜、野蛮、粗鲁、无礼。而且还牵涉到独特的伦理观——

---

[1] 笠智众(1904—1993):日本演员。
[2] 小津安二郎(1903—1963):日本电影导演。
[3] 这里举的是小津安二郎的电影《秋刀鱼之味》里的场景。

谁明说了，谁就要负责任。大家都知道这条严酷的规则，所以明知"那件事"指什么却不明说，而用"那件事""它"这种模棱两可的说法敷衍过去。这时，如果有个幼稚的人忽然跳出来说："你们说的是老总私下捐款的事吧？"那他一定会遭受大家的冷眼。从此，在这个集体里，他一定会被视为又蠢又笨的危险人物。

有时我们会听到这样的话："要是把它说出来就完蛋咯。"或者："你想让我亲口把它说出来吗？"可见，知道"它"为何事，和把"它"说出来是两码事，相差着十万八千里呢。在日本，有两个层面的语言，一个是为了准确地把握对象而存在，另一个则是为了"含糊其词"。每个人都能在心里准确无误地把握对象，但在公共场合，却只用"它"来表示。通过这种方法，大家都能避免承担终极责任。

因此，在日本社会，一旦被追究相关责任时，无论政治家、企业家、官僚，都不会信口开河地编造巧妙的谎言，而是纷纷表示："我不知道。我不晓得。我不记得了。"就像奥姆真理教的上祐某某[①]一样。一旦明确地说出来，就

[①]这里指奥姆真理教前负责人上祐史浩，以擅长诡辩而闻名。

一定会被追查。所以还是什么都不说为好,能隐瞒的尽量隐瞒,能躲过一时算一时。直到最后走投无路了,才忽然翻供说:"其实我什么都知道。"

消息应该立刻传达

有人知道了坏消息,却迟迟不说出来——电影和电视里竟然也经常出现这样的场景,看得我干着急。当然,"迟迟不说"也许是考虑到这坏消息会给别人带来不安,同时也害怕自己在传达过程中再次陷入不安。

例如,歌舞伎《假名手本忠臣藏》[①]第七幕"祇园一力茶屋"中有这样一场戏。四十七义士中的其中一人名叫勘平,其妻阿轻为了资助他而卖身当妓女。这天,阿轻的哥哥平右卫门从乡里来看她,想告诉她家里出事了——父亲被人砍死,丈夫勘平自杀。但又说不出口,便暂且向阿轻隐瞒。

阿轻:"……哥,好不容易见你一面,快跟我说说家里的情况吧。嗯……母亲身体可好?"

平右卫门:"母亲现在晚上干活儿都用不着戴眼镜呢,身体很好,很好。"

[①]《假名手本忠臣藏》:日本歌舞伎的经典剧目,讲赤穗藩四十七义士为主公复仇后集体切腹自杀的故事。

阿轻："是吗。那……父亲呢？"

平右卫门："父亲身体也很好。嗯，很好。"

阿轻："父亲身体也很好吗？那我就放心啦。父亲和母亲都平安无事。对了，那……勘……哥哥，你一定知道我想问什么吧？"

平右卫门："你想问什么？我不知道呀。"

阿轻："嗯……，勘……勘平呢？"

平右卫门："勘……勘平……他也很好，很好。"

唉，父亲被人砍死，丈夫切腹自杀，要是对方知道了，一定会悲痛欲绝的。所以这当哥哥的暂时隐瞒也情有可原。但有的人连一些"琐屑小事"也总是支支吾吾。

例如，在电影和电视剧里经常会出现这样的场景：

妻子一进家门就冲着丈夫大声嚷嚷起来。

"喂，出大事啦！"

"怎么啦？"

"先给我来杯水，水……"

她接过水，立刻咕嘟咕嘟地喝了下去。然后扔下杯子，一脸茫然。

"什么事？快说！"

她眼神恍惚地愣了好一会儿，才忽然用双手捂住脸，"哇——"地大哭起来。

他轻轻地抱着她的肩膀，移开她的双手，看着她的眼睛，柔声问道："怎么啦？"

"嗯……嗯……"她一边抽泣，一边整理思绪。正准备说时，却又叫嚷着："出大事了呀！"随即又哭倒在地。

像这样，她迟迟没有说出发生了什么"大事"。最后，她才抽抽搭搭地说："惠子……惠子她在超市里偷东西被抓起来了！"

"为什么不早说！"丈夫大声责骂道。他对妻子有两点不满：第一，遇到这点小事就惊慌失措；第二，现在应该尽快赶去超市了解情况，特别要问清楚是否已经报告给学校，而妻子的愚蠢反应却足足浪费了10分钟。于是，他冲着妻子怒吼一声："哼，你就待在家里哭个够吧！"然后摔门而去。

对"弱者"来说，我的要求也许太苛刻了——我很讨厌那些一遇到困难就惊慌失措的人；讨厌那些大呼小叫、蹲在地上掩面痛哭的人；讨厌那些拉着别人衣袖、眼睛滴溜溜直转地问"怎么办？怎么办？"的人；那些遇事吓晕过去的人就更讨厌了……

用语言"打击"对方的各种方法

其实,在想给对方致命一击的时候,欲说还休也是一种策略。

看看这段夫妻对话:

"喂,我说出来你不会生气的吧?"

"嗯,我不生气,你说吧。"

"真的?"妻子盯着丈夫的脸说,"你嘴上这样说,其实老是生气。"

"不生气,不生气。你快说。"

"你别站在那儿呀,先坐下再说。"

见丈夫在桌旁坐下来,妻子轻轻微笑了一下,随即又变得一脸严肃,低头看着自己搁在桌上的双手,仿佛逐一检查着手指尖,并用右手拇指和中指骨碌碌地转动左手无名指上的戒指。然后举起右手托着腮,而眼睛一直呆呆地盯着屋里的某个角落,并不看对方。

"到底说还是不说好呢?"

"不说就算了。我可没空陪你在这儿兜圈子。"丈夫说完，双手按着桌子，正要大摇大摆地站起来。

这时，妻子才狠狠地甩出一句："今天我去找过你那位情人了！"仿佛一下掏出手枪抵在他背上，给予致命一击一样。

在这出戏里，从妻子让人着急的说话方式可以看出，她还爱着丈夫，不想破坏夫妻关系。其实，还有更狠的打击方法——丈夫嘿嘿地笑着说："邻居太太回娘家去了。可能是发现她丈夫有外遇了吧。"一边说一边伸出筷子去夹大碗里的烧肉时，妻子忽然盯着他的脸，说："今天我去找过你那位情人了！"

也许还有更阴险的打击方法——丈夫一边默默地把碗递过来（意思是"给我添饭"），一边扭头去看稍远处电视里的棒球比赛时，妻子掀开电饭锅盖给他盛饭，自言自语地说："今天我去找过你那位情人了！"

以上举了三个场景，打击效果应该是层层递进吧。

"告诉你一个秘密,你别说出去"

这句话简直就是耍无赖。我不知听过有多少次了!而每次听到,我都觉得很不舒服,浑身起鸡皮疙瘩。例如下面这个场景。

某上司和我随意闲聊了一会儿,忽然变得一本正经,注视着我的双眼,上半身稍向这边倾斜,慢慢凑近我耳边,压低声音向我爆料——无非都是说同事(主要是领导)的坏话。这太卑鄙了。他知道我既然是他的下属,当然不可能拒绝说:"我不想听,别跟我说这些。"所以才对我说的。一旦他对我说:"告诉你一个秘密。"就意味着我必须投靠他,不能投靠"敌方",没有别的退路。

而且,他所说的都是些超级无聊的八卦消息,多听无益。例如:"我知道,那家伙两年前曾因为耍流氓被警察抓住。""那家伙和别人太太搞婚外恋。"……也有一些耸人听闻的重磅消息:"听说那家伙现在正在偷偷研制原子弹。一旦做出来,第一个就要先把这所大学炸掉。""那家伙其实是基地组织的恐怖分子,正策划明日闯入皇宫。"……

而且，他还把这些无聊消息当作可以载入史册的重大事件。如果是自得其乐那倒也罢了，但他却觉得这些独家猛料只有自己独享太可惜，于是一看见"信得过的同事"（大都是年轻下属），就低声说："告诉你一个秘密，你别说出去。"这样，逐渐形成一个共享"重大秘密"的圈子。

这其实是一种曲线策略，或者说是耍女人心计（这不算歧视语言吧）——他知道和对手正面开战没有胜算，所以就逐渐拉拢人心，形成一个"讨厌某人"的圈子。他对你说："告诉你一个秘密，你别说出去。"如果你以为他只对你敞开心扉，那就大错特错了。很快你就会发现，和你一样被告知"秘密"的"牺牲者"还有好几人、好几十人……当然也就索然无味了。

另外，这种人往往具有很高的警惕性——害怕别人说自己坏话。这态度颇为滑稽。因为在大多数情况下，他的名声已经坏到了无可救药的地步，而且不是针对其个别行为，而是对他的整个不诚信人格已有定论。所以，对于他的种种行径，大家已经毫无兴趣。即便他的无耻行为被曝光，大家也已经见怪不怪："唉，他又干这种勾当！"

何为"清楚"

　　为了避免误会,我们要"表达清楚"。何为"清楚",下面就来稍做分析。首先,当然是要把内心的想法如实说出来。觉得对方丑就说"丑";见对方秃头就说"秃子"……像三岁小孩一样想到什么说什么。大家也许觉得我会否定这种单纯的做法吧。很遗憾,我提倡的正是从这种单纯的方法开始做起。当然,如果因此而遭受厄运,自己必须负责——这一点就和"三岁小孩"很不一样。用歧视语言称呼周围的人时,需做好心理准备:被对方杀死也无所谓,被社会排斥也在所不惜。真是勇气可嘉。

　　然而,这属于最低层次的"清楚"。我所提倡的是,从最低层次开始,逐步迈向更高层次的"准确"。歧视语言之所以卑鄙、粗暴,是因为它把每个人复杂而丰富的个性极其简单地标签化了。用"胖子""基佬""初中学历"称呼对方,一下子就给人烙上了负面的印记。其实每个人都有令人眼前一亮的丰富个性、性格、能力、表情,但却全部被抹杀,被笼统地归结为一句"他是个犹太人"或"他是个私生子"。最粗暴的一点就在于，人的个性特征完全被忽略了。

日语里经常用"果然"这个副词。例如："他果然是个生意人，这么会算计。"又如："他果然没什么教养，一点礼貌都不懂。""果然"一词确认了自己的判断，加深了消极观念。

这种贴标签式的做法最为轻松愉快，所以我们必须极力抵制它的诱惑。要做到这一点，就不能把眼前的某个人看作集团中的一员，而要尽量把他看作个体，仔细地去观察、感受、思考，然后再用准确的语言表达出来。

唉，开会！

开会时，那种拖拖拉拉的氛围总是让人着急。比起浪费时间，更让我受不了的是讲话人（特别是会议主持）的发言方式。本来可以更简洁明了，但如今却流行拐弯抹角、面面俱到的说话方式，让人十分反感。例如：围绕"吸烟区设在哪里"这种无聊问题，大家反复讨论了足足 30 分钟，才决定下来把它设在大楼西侧外的某个场所。系主任环顾会场，问道："这样可以吗？"见众人纷纷点头，又再确认一遍："这样可以吗？"这时，有个糊涂教授忽然提出异议："那里的地面没铺混凝土。大家踩了满脚泥，又走进大楼的话……"于是，有人提议："那就改设在对面那块铺了混凝土的地方？"但随即有人反对："那个地方不好找。""烟会从窗口飘进来。"……又开始没完没了地讨论。我几乎要冲他们发火："这种问题有什么好讨论的！"但转念一想，又想看看他们是怎样在这种小问题上浪费宝贵时间的，于是拼命强忍怒火，继续冷眼旁观。又讨论了 15 分钟后，总算决定设在"原先位置对面的中间那块地方"。

系主任又环顾会场,问道:"这样可以吗?"见众人纷纷点头,又再确认一遍:"这样可以吗?"最后才拍板说:"那就这样决定了。"在每月召开一次的系内会议上,讨论各个议题都要走这样的流程,所以每次开会都须重复10多次这样的场景。

所有决议的效率都非常低下,令人失望。特别是有可能牵涉到批评某个人时,进展速度更是趋近于零——整个会场只有沉默和"这事不太好办呀"之类的叹息声。最近开会时,有个年轻的女讲师报告了这么一件事:她为我校[①]一名学生写了推荐信,让他参加东京大学研究生特别推荐录取考试(特别推荐的条件是:不能报考其他学校,并根据三年级之前的成绩和面试进行录取)。结果这个学生还真的考过了,那现在该怎么办呢?我本来想马上表态说:"这显然违反规定,不能让他去东京大学。"但见到其他老师纷纷发言,于是暂且冷眼旁观。——"这事不太好办呀。""那学生知道这条规定吧?""你写推荐信之前先

---

①指作者任教的电通大学。

问一下我就好了。现在不太好办呀。"……都是一些不痛不痒的话。尤其令人惊讶的是那位女讲师的辩解,她说:"我看他很想报考……而且,我以为他反正也考不上……所以就给他写了推荐信。"于是,大家又纷纷说些不痛不痒的话:"唉,怎么办呢?""这事不太好办呀。"……

  我终于忍无可忍地发言了(语调平静地):"这事没必要讨论吧。很显然是违反规定,不能让他去东京大学。"大家一听,顿时都傻了眼。也许是感觉到了"危险"吧,主持会议的研究生院主任连忙出来打圆场:"那现在就暂且不讨论这个问题,等下次有机会再说……"我一时来气,追问道:"讨论这个问题不就等于浪费时间吗?"这时,那位女讲师的上级领导,一位教授回应道:"主任都说了下次有机会再说嘛。"我仍不依不饶:"刚才的时间也浪费了呀。"当然,对于这样的场面,大家都已经见怪不怪了。

我为什么没受到打压呢？

聪明的读者可能会觉得奇怪：我经常如此"出言不逊"，为什么没受到打压、没招致同事反感、没受人欺侮、没有被孤立呢？下面我就稍做解释。我根本不"爱"我所在的大学，只是为了拿工资才在这里工作，对它并没有过多的期望。所以，我内心并没有任何企图，只是想到什么就说什么而已。

因此，我给自己设立了一条规则：发言时要忠于自己的信念、要彻底、要合理（并不是非要"讲分寸"）。也就是说，我几乎从没试过为了追求个人利益而发言。当然，这是因为我几乎从没有在大学里争取过个人利益。

既然不追求个人利益，那就能做相当多的事。大学是个经常开会的地方，而我们专业的教师人数又少，本来每个人的工作量就很多了。所以，在第一天开会时，我一定会质问："为什么同一个专业非得出两个人来参加会议呢？"然后说明了我们专业的特殊情况，并对另一名同事说："会议这边由我负责，你不用来了，回去搞研究吧。"（我这人很有大哥派头。）开会时如果有人交头接耳，即便对方是辈分很高的老先生，我也会大声制止……像这样追求"合理行为"的例子，简直不胜枚举。

前文也提到过，我不太受学生欢迎，所以并没有承担很多指导学生的任务。（那些受欢迎的老师似乎任务特别繁重！）有些老师会因为不受学生欢迎而苦恼，我则毫不介意。然而，我的研究室却常常"收留"由于各种原因和指导教师闹翻的学生。前年，有个决定退学的学生来找我盖章（我是系主任），说是和指导教师的教育理念有分歧，所以长期受到刁难。"不能毕业，实在是不甘心。"他说着说着就大哭起来。这种情况下，具体原因是什么并不重要。总之，学生是弱者，教授是强者，所以我站在学生这边——这也属于"合理的判断"吧。于是我拒绝给他盖章办退学手续，并对他说："你不要退学，来我研究室吧。"说来也真幸运——最后，他的毕业论文竟然被评为当年最优秀的毕业论文，荣获"校长奖"。

去年也收留了一个学生，他原来的指导教师因病无暇顾及他；今年也收留了一个彷徨无依的学生，他原来的指导教师调到其他学校去了。就这样，我的研究室成了电通大学里的"难民庇护所"乃至"孤儿院"。我为此感到自豪。

那为什么我能指导各种各样的学生呢？对于这个质朴的问题，我的回答很简单：在同意学生加入我的研究室前，我必须先向他们说明，我不会手把手地教他们。我坚信，学生如果不能毕业，那一定是他自己的责任；如果找不到工作，也 100% 是他自己的责任，跟我毫不相干。所以，从我研究室毕业的学生的就业率往往很低，只有 50% 左右。有意思的是，其中有不少人虽然刚毕业时找到了工作，但很快又辞职了。有个学生是这么说的："如果我的指导教师不是中岛先生的话，可能我不会这么快辞职吧。"我想："原来如此。"不由得觉得有些可笑。

我虽然讨厌开会，但却很喜欢讲课。现在我一周讲 8 节课，并不觉得负担很重。（为了"平等地"分配各个教师的"课时负担"，经常要进行激烈讨论。）所以，有时候忽然缺人手，我也愿意去代课（只要自己力所能及）；愿意替别人承担研究生院入学考试出题工作（只要自己力所能及）。

下面的话可能会招来其他教师的忌恨：说得极端一点，我不需要研究经费，有就用，没有就自己想办法筹措；研究室有就行，没想过再多要几间。也就是说，学校开会时的议题大都集中在指导学生、负担课时、研究经费上。我本来就对这些问题毫不关心，只不过在大家面前假装稍为关心而已。

再说一遍：我并不"爱"我所在的电通大学。我不愿意为了把它建设得更好而努力，甚至觉得让它垮掉也无所谓。所以，我对机构改革和人事没有一点儿兴趣。无论大学机构如何变化，谁上任、谁升迁，都跟我一概无关。

学校行政工作徒劳无益

就这样，我获得了"大公无私"的口碑，在两年前被委任为系主任，而且工作相当出色——真是一自夸就停不下来。当时的下一任校长（即现在的校长）听说了我的事迹，想让我在学校行政工作方面担当重任，但我却给他写了一封信，断然拒绝了。

……今年我被委任为系主任，这让我感到非常意外，甚至还认真考虑过要辞职离开学校。就这样，一直怀揣着辞职信坚持至今。您也许想象不到，其实我认为，为任何组织付出努力都是没有意义的。虽然在一定程度上可以胜任工作，但我觉得完全是在浪费时间，徒劳无益。

因此，今后除了最基本的义务之外，我不想跟大学改革以及学校的组织运营方面有任何瓜葛。这是我的真实想法。如果您不同意的话，那我只能辞职离开学校。

对于我的请求，校长十分宽容地回复说："只要你留下来就行。"从那以后，我一直处于"自由立场"，贯彻实行我的合理性原则。偶尔担任人事委员时，我也只遵循择优录取原则。平庸无能的副教授哪怕做到退休，也坚决不能让他升教授。大学里有个惯例：退休前一年，把副教授在形式上升为（名义上的）教授。但我却总是投反对票。

说到这里，顺便提起另一件事。今年春季召开的教授会议上，关于某位教授能否成为名誉教授（不符合年限条件）的问题进行了投票表决。我自己无意当名誉教授，所以对这种"名誉"不抱任何同情。我想，所谓名誉教授，不过是一种形式而已。于是就投了反对票。最后，工作人员宣布投票结果："总投票数〇〇张。其中，赞成票〇〇张；反对票一张。根据投票结果，××教授担任名誉教授议案获得通过。"——只有我一个人投了反对票。

可见，无论我在组织里待了多久，还是对组织的氛围和惯例一无所知，常常忽然意识到自己的行为"不合群"。刚开始时，别人还拼命追查，以为我的行为背后隐藏着什么不可告人的动机。但其实根本就没有。所以，对于学校内和专业内的派系之争，我也能做到"超脱"其外。——这次我赞同 A 派，下次却赞同敌对的 B 派；这次我拼命反对执行部门，下次又完全拥护执行部门……对我来说，"是否合理"成了唯一的判断标准。而且，我重在表达自己的"合理"见解，至于结果如何，则并不关心。所以，我和谁的关系都不会恶化——确切地说，即使对方觉得关系恶化，我自己也浑然不觉。

很久之前，我们专业人事选拔时，发生过争论——候选人F先生进入了最后一轮评审，然而有传言："他虽然很能干，但有人格上的缺陷。"所以关于是否录用他存在争议。我一如既往地表明自己的观念："能干就行了呗。总不能选那些八面玲珑却啥也不能干的人吧。"后来，有个反对录用F先生的教授来到我的研究室，提醒说："你既然什么都不懂，关于人事方面，还是少插嘴吧。"我回答道："哦，我知道了。"之后就不再多嘴。而F先生最终也没被录用。

我这种"质朴的态度"最终赢得了大多数人的信赖。至少可以确定的是，大家并不讨厌我。所以，我建议各位聪明的读者：不妨鼓起勇气，在自己所属的组织中尝试一下。（当然，如果稍有差错，也说不定会被扫地出门。）

第九章

说"我是个笨蛋"的人

"书呆子"和"普通呆子"

说"我是个笨蛋"的人,其实真的是笨蛋。人笨不笨,通过他的一言一行就能看得很清楚——他一碰到什么麻烦事,就把这句话挂在嘴边,想以此逃避困难。对于这种人,我想轻蔑地说:"我当然知道你是笨蛋。刚才你自己都说了嘛,连笨蛋也能听出来呀。"

为什么我会讨厌这种人呢?请各位不要误会,其实我并不是讨厌笨的人。相反,我周围有很多精明人,他们中的大多数——几乎所有人,都令我讨厌。因为我讨厌自以为"了不起"的人。前文提过:学者、技术员、作家、艺术家等有一技之长的人,以及官僚、大公司的董事、大学教授、医生、律师、注册会计师等社会地位较高的人,大都自以为很"了不起"。本来他们应该每天努力消除自己身上的这种臭架子,但真正在进行这种训练的人,却只有极少数。除此之外,其他人都自命不凡。

有一技之长的人,特别是借此在社会上取得成功的人,必须承认:自己为了掌握这项技能,往往会忽视一个人所需要的各种训练。作为一个人，自己是不健全的，甚至近于畸形，自己必须为此感到羞愧。然而，一个只会打网球的人、一个只会烹调的人、一个落语家、一个漫画家，却在电视节目里大谈人生百态……如此厚脸皮，实在令人反感。

有个说法由来已久：几乎所有学者都是人格扭曲的人。这其实无所谓。想要为学问献身的话，这点儿牺牲也许是必需的吧。所以，不应该对自己专业以外的事情信口开河。然而，他们竟产生了错觉，自以为成了指导人生的专家。同样，一个摄影师、一个歌手、一个演员，也在电视节目里分析自杀者的心态，对残忍的未成年人犯罪事件大加议论，却从来没有感到丝毫羞愧或自责……这种人就是真正的"书呆子"。

世界级的数学家对自己专业以外的事情一无所知，这并不算"书呆子"。只要他们意识到这一点，并且承认自己是有缺陷的人，谨言慎行，尽量不干预自己专业以外的事，那就不是"书呆子"。

很多人都听说过这件事：数学家小平邦彦听到别人称

自己为"书呆子"时,大怒道:"这世界上只有两种人——'书呆子'和'普通呆子'!"这句话意味深长。几乎所有的专家都没有意识到这一点:正因为自己在某方面是专家,所以在其他方面,自己是不如普通人的。同样,那些不是专家的普通人,一方面对自己不是专家而感到羞愧,同时又对专家抱有一种强烈的妒忌之情,想把专家们从宝座上拽下来。他们在说"专家都是呆子"的瞬间,这矛头其实也掉转过来指向了自己。他们没有意识到自己和专家一样也是呆子,还以为自己不是专家就能幸免——这种人就是"普通呆子"。

像这样,以为笨蛋比聪明人更了不起、具有更高尚的人格,并且对聪明人充满了羡慕嫉妒恨,拒绝探索一切真理——这种懒散的态度,正是我最讨厌的。

"教授很了不起吗！"

前几天，有个莫名其妙的电话打到研究室来，问我："您想不想买楼投资呀？"对于这种干涉个人空间、劝人买这买那的行为，无论是推销竹竿还是推销冰激凌，我都十分讨厌。我没好气地回答说："不要打这种无聊电话到研究室来！"于是对方说了声"对不起"就挂掉电话。但不料5分钟后电话铃又响了。

我拿起话筒，说："喂，我是中岛。"这时，刚才那个人在电话里大声骂道："教授很了不起吗！"我正准备回应，电话却"咔嚓"一声挂断了。这让我十分恼火。对方大概是想用这句话狠狠地往我心里插一刀吧。他最希望看到的是，在放下电话的瞬间，我为自己的傲慢而茫然失措，并进行深刻的自我反省："哎呀，我这个人太差劲了。虽然自己是个教授，但若论人格，还远不如那个售楼推销员啊！"……但遗憾的是，我根本没有这样想。

唉，刚才我应该冷静地回答："是的,我觉得很了不起。"或者立刻反问一句："售楼推销员很了不起吗？"可惜我刚才却没有开口。这就是我的深刻反省。

笨女人的精明之处

不好意思,老是举三岛由纪夫的作品为例——他的短篇小说《魔群经过》里有一段对"笨女人"的观察,这和男人们说"我是个笨蛋"颇有相通之处。

"她真是个笨女人啊。"……

"正因为她知道自己是个笨女人,所以才不好对付呀。一旦女人知道自己笨,那就说明她很聪明,聪明得足以知道自己笨——怎么掉进循环论证了呀。"

我认为这不属于"循环论证",这点姑且勿论。以上对话并非出自女人之口,而是两个男人观察某个女人的言行之后互相议论的场面。让对方以为自己笨,以此来保护自己——在这一机制上,男人和女人基本相同,但在心理活动方面还是有很大区别的。

先看男人。一口咬定自己是个笨蛋,故作诙谐,其实话中有话,暗含谴责对方的意思:"喂,别以为你是大学教授就多了不起似的！"甚至盛气凌人地逼问："你是个什么东西？"说得粗俗一点，这态度就像黄鼠狼逃跑前还得放个屁恶心你一下。

但女人当着男人的面承认自己笨却截然不同（不必再引用三岛由纪夫的观点）。她的意思是："对呀，我就是个笨女人。不过，正因为我笨，所以你才看上我的吧。我说得不对吗？"

说得更直接一些：在情爱方面，无论怎么笨的女人——或者应该说，越笨的女人，就越具有可怕的直觉和理解力。在男人眼里看来，这是女人唯一的"聪明"之处。

与谢野晶子[①]有一首很有名的和歌就充分表现了笨女人的"聪明"：

"君不见我嫩肌肤，一心论道，岂不孤独？"

目光炯炯的大学生面对眼前的少女，不敢正视，一本

[①] 与谢野晶子（1878—1942）：日本女作家、和歌诗人。

正经地给她讲解《论语》。少女温顺地听着,心中却在想:"没有女人陪伴,难道你不寂寞吗?"她正是一个既笨且聪明的女人,很可怕。

女人的逻辑？

我知道：这种说法难免有先入为主之嫌，而且可能带有性别歧视。但除了"女人的逻辑"之外，实在找不到别的说法。我在涩谷图书馆做演讲的时候，没有一个女听众起来问问题。于是我特意说："有没有哪位女士想提问的？"但还是没人问。演讲结束，我正要离开会场时，有一位年轻女士叫住我："老师！"

"你有问题吗？"

"嗯，我只想问一个问题。"

"请说。"

"老师，您爱您的太太吗？"

面对她这拷问式的问题和直勾勾盯着我的目光，我心中暗暗叫苦。如果我回答"爱"的话，她应该会很满意吧。

于是我回答："不爱。"

她接着又问了一个令人惊愕的问题："那你为什么还戴着戒指呢？"

我迟疑了一下，答道："因为摘不下来了。"然后就没再理她，径自离开了会场。

听完演讲，最后却上来问这样的问题，这算怎么回事？我想，这应该是女人特有的方式和逻辑，男人是绝不会这样问的。

有一次，我看了一个类似生活顾问的电视节目。节目里，有个年轻女观众声泪俱下地倾诉："我直到现在还忘不了前男友。我不知道自己是否爱着丈夫。"

这时，旁边的女评论员一本正经地问她："你敢用你丈夫的牙刷刷牙吗？"

见那位女观众正在犹豫，女评论员便皱起眉头，又问了一遍："你敢用你丈夫的牙刷刷牙吗？"

女观众低头不语。于是，女评论员仿佛大获全胜似的叫嚷起来："赶紧离婚吧。你根本就不爱你的丈夫！"

看到这儿，我又再次领教了女人逻辑的可怕。

《伊豆的舞女》

如今回过头来重读川端康成的短篇小说《伊豆的舞女》，我发现它不仅描写了青涩的初恋，而且字里行间都反映了社会现实——"我"这个高中生象征着当时的精英阶层，和身为江湖艺人的舞女之间存在着身份差别。有趣的是，女人对这种身份差别更敏感，她们随时会意识到：结伴而行的小伙子虽然只有20岁，但人家可是高高在上的高中生，自己却是身份低贱之人。"我"明知这一点（高中生怎么会不知道呢？），却假装若无其事地利用自己的优势。千代子的母亲（小说中称为"40岁女人"）尤其密切留意那个14岁舞女对"我"的态度，一发现淡淡的恋慕之心就立即掐断它。

确实，这种恋情无论如何挣扎都是徒劳的。即便如此，作为川端康成的化身，"我"这个高中生也实在是太麻木而且自私了。最后在下田和舞女依依惜别时，"我"虽黯然流泪，却根本不打算去争取这份爱。他知道自己不可能和舞女正式交往，但又忍不住思念对方，所以只是沉浸在和伊豆风情交织在一起的"人生的哀愁"之中。而舞女对他的恋慕之情显然更为热切,甚至恨不得像传说中的清姬一样,变成大蛇跳进海里,去追逐安珍乘坐的船……①

顺便一提的是,在森鸥外②的小说《舞姬》里,"我"抛弃怀孕的爱丽丝独自回国,陷入深深的自责(虽然这无法改变"自私"的事实);而《伊豆的舞女》中的"我"却没有丝毫内疚——当然,他并没有对舞女做什么,所以这两者也许不能相提并论吧。

以下纯属我的想象。"我"从伊豆回来,过几个星期后,恐怕就只剩下一点儿淡淡的回忆:"唉,多么可爱的舞女啊!"如果"我"脸皮再厚一点,说不定还会考虑:什么时候去她的故乡大岛游玩一下吧!

然而,对那个舞女来说,自从忍痛和他道别后,整个世界观一定会发生天翻地覆的改变。她将意识到自己处于

---

①日本古代传说:清姬爱上年轻僧人安珍,得知安珍失约离去后,变成大蛇疯狂追赶。最后安珍躲进道成寺的大钟里,清姬用蛇身缠绕住大钟,连人带钟一起烧毁。
②森鸥外(1862—1922):日本小说家、翻译家、评论家。短篇小说《舞姬》是其早期代表作。

被歧视的地位,决不会再像从前一样天真无邪地和城里的高中生、大学生相处。这一创伤也许将永远留在内心深处,终生难以愈合。

《东京塔》

《伊豆的舞女》拍过几次电影，我看过其中一些，但都觉得没什么意思。我明知道名作改编的电影大都令人失望（岸惠子和池部良①主演的《雪国》②还不错），但江国香织③的小说《东京塔》一拍成电影，我又跑去看了。

2002年，在东京大仓酒店举行山本周五郎奖④颁奖仪式时，江国女士曾上台致辞。我有幸在现场。她那肤色白皙的都市美女形象，没有辜负读者们的期待。如今的美女作家可比从前多多了，除了江国女士，还有山田咏美、川上弘美、小池真理子、绵矢丽莎（因2004年成为史上最年轻的芥川奖⑤获得者而轰动一时）……

话说回来，小说《东京塔》讲的是优雅的中年女人诗史（酷似江国女士）和年轻的美男子阿透之间的爱情故事。

---

① 池部良（1918—2010）：日本男演员。
② 《雪国》：原作为川端康成的长篇小说《雪国》。
③ 江国香织（1964—）：日本女作家。
④ 山本周五郎奖：为纪念日本作家山本周五郎而设立的文学奖。
⑤ 芥川奖：为纪念日本作家芥川龙之介而设立的文学奖。

其中，中年女人勾引朋友的儿子这一情节，跟科莱特[1]的《谢里宝贝》有点相似。总之比较无聊。《东京塔》拍成电影后，不出所料，应该说比预想的更加无聊。特别是电影结尾，疲惫不堪的阿透为了忘掉诗史而远走巴黎，于是诗史一路追到巴黎……这简直无聊得令人发指。（一般来说，小说不会这么结尾。）饰演诗史的黑木瞳[2]说着一口看似流利的蹩脚法语，实在很滑稽。我想，她肯定下了很大苦功练习法语，但为什么还是说得这么别扭呢？

  黑木瞳这位红极一时的女明星，全身轮廓确实很优美，但脸蛋却不是特别漂亮。和冈田准一[3]（饰演阿透）的标准美男子形象一对比，顿时黯然失色。说句失礼的话：黑木瞳属于典型的"松鼠脸"——我一边看电影，一边想象着她双手捧着核桃的样子。那我为什么还要去看呢？其实，不是为了看黑木瞳，而是为了看冈田君——我是他的粉丝。冈田君的英俊相貌中融合了易碎的纤细和令人畏惧的冷酷，

---

[1] 科莱特（1873—1954）：法国女作家。小说《谢里宝贝》是其代表作。
[2] 黑木瞳（1960— ）：日本女演员。
[3] 冈田准一（1980— ）：日本演员、歌手。

和詹姆斯·迪恩[①]颇有几分神似。

东京塔在我读小学六年级时就建成了,很明显是模仿埃菲尔铁塔,而且感觉非常俗气。所以我不太喜欢。但出自灯光设计师石井干子之手的橙色霓虹夜景却十分美丽。从六本木新城最高层或横滨港湾大桥远远眺望东京塔,当然令人印象深刻;就算只是乘坐前往羽田机场或成田机场的豪华大巴从东京塔前经过,定睛凝望的一瞬间,心里也会洋溢着幸福感。(或许是错觉?)

[①]詹姆斯·迪恩(1931—1955):美国电影演员。

阻止别人深陷恋爱的人们

去年,为了在九州大学举办集中讲座,我来到博多,并利用假日时间去了唐津。在能看见海景的镜山上建着佐用姬的石像——传说中,佐用姬的恋人去了大海彼岸,于是她就一直站在这里眺望大海,苦苦盼望心上人归来,最后变成了石头。

诗史远赴巴黎追寻阿透的踪迹。在小说、歌舞伎、流行歌当中,像佐用姬一样苦等恋人归来的一定是女人。为什么会这样呢?我不好妄自揣测,但有一点却必须承认:在恋爱中,往往都是女人比较"拖泥带水"。虽然也有像《卡门》[①]一样男人被女人玩弄后惨遭抛弃的例子,但按照自古以来的惯例,在恋爱中容易受伤的都是女人。所以,一旦听说某个女人正在苦等心上人归来的消息时,她周围的女人们一定会纷纷冲上前来,拼命劝她:"千万不能做这种傻事。你男人一定不会回来的,忘掉他吧!忘掉他吧!"

---

① 《卡门》:法国作家梅里美创作的小说,后来被多次改编为戏剧作品。

而没有一个人赞同说:"这样也好,说不定哪天他回心转意就会回来的。"

而且,拼命劝人"尽早放弃没有结果的爱情"的,往往也是女方身边的女人们。"爱上一个已有妻室的男人,注定没有结果的。还是死了这条心吧!"她们拼命劝说着,把哭哭啼啼的女人从那男人身边拉回来。根据经验,她们知道,若深陷其中,最终受伤的一定是女人。所以才"好心"相劝。但除此之外,似乎还暗藏着别的心思,特别是曾有过类似惨痛经历的女人,她们拼命劝阻,有可能出于这样一种心理:"我没能得到的幸福,你也休想得到。"

当然,男人也有类似的情况。当一个没什么"女人缘"的小伙子流泪倾诉自己的思念时,过来人一定会对他进行谆谆教导:"无论你如何努力都不可能得到她的。还是死了这条心吧。"这劝告看似为人着想,其实还是出于一种"忌恨":怎么能让你这家伙得到幸福呢?

即便如此,我还是不明白为什么这么多人劝别人"死心"。如果有人碰到恋爱方面的问题来向我请教,我一定会告诉他:"人生难得遇到这么有趣的事。所以,即便可能性很小,你也应该奋力争取,甚至不惜闹得双方疲惫不堪、蹉跎一生,甚至把周围人也牵扯进来、给大家添麻烦,甚至闹到要出动警察……你也一定要坚持下去。"当然,从来没有人来请教我,大概是知道我会出这种馊主意吧。

第十章

认为自己"人生无悔"的人

马上心满意足地去死吧

　　我要对那些认为自己"人生无悔"的人说这句话。嘿，随你怎么想，认为无悔就无悔吧！既然无悔，那可以马上去死了！

　　无论是谁，只要稍微想一下，就会知道"人生无悔"是不可能的，只不过是自欺欺人而已。而且我觉得，他们的人生其实也并不是那么一帆风顺。如果这话出自毕加索①、卡拉扬②、松下幸之助③、小泽征尔等人之口，倒也可以理解。但往往是那些平庸地度过一辈子的人，到年迈之时喜欢把"人生无悔"挂在嘴边。而刚才列举的那些成功者却是很少说的，即使大家迫切地期望听到他们说。

　　再说得透彻一点，有过悲惨人生经历的人一定会说"人生无悔"。父亲离家，母亲也不管不顾，在孤儿院长大，经常被警察抓住关起来，后来一直过着流浪汉的生活，终

---

①毕加索（1881—1973）：西班牙画家，西方现代派绘画的主要代表。
②卡拉扬（1908—1989）：奥地利指挥家，在音乐界享有盛名。
③松下幸之助（1894—1989）：日本企业家，松下电器的创始人。

于娶妻生子，开了个拉面馆，生意正渐渐走上正轨时——想不到却得了癌症！

临死之前，他流着眼泪回顾自己的人生。他想向周围人倾诉，但却被全盘否定："说那些干什么呀！你看，你娶了个好太太，孩子也健康成长。我们都觉得你人很好哩。"于是，他转念一想："大家说得也对。"于是，他安详地躺在临终的床上，喃喃自语："我的人生不后悔。"大家含泪说道："没错，没错，你总算想通了。"一边在心中拍手称快。就这样，成功地实施了集体催眠——自己想怎么想，就怎么想；大家想让他怎么想，就让他怎么想。

为什么要这样做呢？这是一种类似于天主教忏悔的仪式，对着临终之人连珠炮似的说一大堆"好话"，例如："你给大家带来了很多快乐，你做的拉面非常好吃……"通过编造这种种情节，让他怀着对大家的感谢之心而死去。这样，大家才能够活得心安理得、逍遥自在。相反，如果他临死时怨恨人生、怨恨周围人，在痛苦的挣扎中死去，那么大家都会觉得很扫兴。

当然，也有另外一种人——他们每天和平常人一样工作，家庭、朋友关系也相处得很好，到60岁将要退休时，心里忽然冒出一个疑问："我就这样度过一辈子，甘心吗？一直以来，我都选择走四平八稳的人生道路，这确实没有错。可是，20岁的时候，我放弃了那次冒险；30岁的时候，我熄灭了那如火一般的激情……我的人生将如此平淡乏味地结束，没有过心动，没试过地狱般的痛苦，也没试过天堂般的快乐。就这样平平淡淡地死去。我甘心吗？"这疑惑渐渐吞噬了全身。

然而，他从这种怀疑中拼命挣脱出来——既然人生不能重来，无可挽回，不如将"我的人生太失败了"的念头藏在心底，告诉自己："这样平平淡淡地过就行。"自己在临死前，大概也会喃喃地感谢大家，然后死去吧。这很可怕。但事到如今，也别无选择了。

比起上述两种人，下面这种人更不符合我的兴趣（所以更让我讨厌），而且人数也更多。她内心深信自己"人生无悔"——身体健康，夫妻和睦，孩子活泼可爱。接下来，如果自己突然死掉，不给大家添麻烦，那人生就圆满了……这样的人生，顺其自然，没有痛苦，最后只要能和"孩子她爸"一起进坟墓就行。自己死后，家里人每逢清明时节能来扫一下墓，那就再好不过了。我最怕这种坚定地信奉"普通教"的"好人"。在我看来，他们和我就像是住在两个不同的世界里。所以，只能任由他们"无悔"地死去。而我，只能喋喋不休地表达自己的厌恶之情。

　　为了防止太多抽象、枯燥的议论，最后，我想通过小津安二郎的电影《东京暮色》向这些人开炮——正在说、准备说，以及希望说自己"人生无悔"的人。

《东京暮色》

在小津安二郎的电影中,我最喜欢的就是《东京暮色》。因为它最有悲剧色彩。山田五十铃[①]把喜久子这个角色演活了。剧情是这样的:喜久子抛下丈夫和三个小孩(一个儿子和两个女儿),跟另外的男人跑了,在东京开了一家麻将馆。后来被长女孝子(原节子饰演)发现,于是她恳求孝子不要告诉妹妹明子(有马稻子[②]饰演)自己是她们的母亲。但明子在和大学生们去麻将馆时觉察到了。明子和大学生木村交往,并怀上了孩子。明子告知木村自己怀孕了之后,木村就开始躲着她。明子冲着姐姐孝子叫嚷道:"我身上流着咱妈的肮脏血液!"明子堕胎后,偶然碰见木村,就打了他一个耳光,然后跑出去,结果被电车撞死了(影片中暗示有可能是自杀)。孝子把妹妹的死讯告诉母亲喜久子,并狠狠地盯着她说:"全都怪你。"

喜久子的相好以前就劝她一起去北海道的室兰市,她

[①]山田五十铃(1917—2012):日本女演员。
[②]有马稻子(1932—):日本女演员。

一直没有答应。经历过这次事件后,她决定前往室兰。

临走前一天,喜久子回到从前的家,想给明子上一炷香,但却遭到孝子拒绝。喜久子只是"哦"了一声就离开了。在去往北海道的火车中,她茫然地看着窗外的夜景。在她的人生中,被告知儿子在山上死去时,被告知明子自杀时,被孝子指责说"全都怪你"时,想去祭拜女儿却遭拒时……她都十分平静,因为她已经完全死心了。她觉得自己被一股强大的外力推着走,但人们却不允许她说出来。

"当时,自己只能那么做吗?或许有别的选择?——不,现在当然怎么说都行。当时,自己也明白一切后果,但还是扔下丈夫和孩子跑了呀。"喜久子想来想去,直至头脑变得麻木,弄不清楚自己到底在想些什么,于是就决定不再想。继续想的话,自己跟男人跑了这一"事实"就变得越发沉重。这一事实无法改变。在这事实面前,所有辩解的语言都苍白无力。她并非不后悔,但她知道,无论现在如何后悔,丈夫和女儿到死都不会原谅自己的。事到如今,如果后悔,结果反而会一发不可收拾。也许,自己连后悔的权利都没有了吧。然而,如果不思悔改,坚持说:

"这样就挺好。"又似乎太卑鄙无耻了。

她既无力寻死,也不能死,就这么活着。当然,这绝不是出于惰性,相反,她有一种坚定的态度。她那茫然眺望远处的黯淡身影,甚至还散发出一种到达人生极限的崇高感。

我想,她临死时(电影里没有这一情节)将会如何回顾自己的人生呢?她也许不会对自己的人生做任何辩解,而是茫然地眺望远处,平静地迎接死的到来吧。她这样生活,而且也只能这样生活。这就是她的人生。

这或许也可以说是"人生无悔"吧。在我看来,和之前列举的各种肤浅的"人生无悔"宣言不同,喜久子以肢体和动作展现出"人生无悔",这种无言的宣誓显然更为深刻,更为真实。

最后说句画蛇添足的话:在影片中,明子叫喊着"我不想死!我不想死!",而后死去。自从我读小学时第一次看过这电影之后,这一幕就深深地印在我的脑海里——它象征着死亡的恐怖。

后　记：我讨厌的是什么样的人？

到这里，我讨厌的 10 种好人就全部说完了。但我仿佛看见许多读者不满地叫嚷道："哼，都是你自己随意罗列出来的，根本没什么条理嘛！"

之前，我写过《我在喧嚣的日本》《偏食的生活方式指南》《我讨厌的 10 句话》《缺乏"对话"的社会》等书，在其中表达了自己对于"讨厌的事物"会特别敏感。因为是跟个人感觉有关，缺乏普遍的说服力，所以我在议论时会充分考虑"内在整合性"。也就是说，其实这本书的条理还是很清晰的。

当然，我讨厌的人还有很多，例如：说谎的人、仗势欺人的人、媚上欺下的人、会算计的冷酷之人、散漫且不负责任的人、心胸狭隘的人、狡猾的人、说话经常变来变去的见风使舵之人……在现代日本社会，大家都很讨厌这些人，所以我也不必再赘述。在这本书里，我把"讨厌"矛头对准的，却是那些受到现代日本人普遍欢迎的"好人"。

换言之，也可以说他们是对事物缺乏充分感觉、缺乏充分思考的人。"充分"是指自己个人独特的感觉和思考。所以，他们只是稀里糊涂地去迎合大众的感觉，不加批判地遵从大众的思考方式——这正是我讨厌的人。为了防止马上招来反驳，我再进一步说明：他们在感觉和思考方面十分懒惰，说自己"从没想过这问题""从没有过这种感受"时也毫不羞愧；武断地认为别人的感觉也和自己一样；不能正确地判断别人的想法，自以为是。

其中，语言的运用尤为关键。他们常常说着千篇一律的话而没有丝毫怀疑；他们从不会去努力准确地表达自己的信念；他们不懂得尊重周围随时发出的信号，而是一味躲在自己的小圈子（安全地带）里。

嗯，应该说得更准确一些。其实，无论是右翼、左翼、恐怖分子、唯我论者、"老好人"……都没关系，我不会因此而讨厌某种人。无论你信奉什么思想都好，关键在于：这种思想在多大程度上是基于自己个人的感觉和思考而形成的？也就是说，我讨厌的正是在这方面偷懒的人。

最容易偷懒而且又最安全的方法是什么呢？是和大多数人说相同的话，和大多数人保持相同的感受。一旦发现自己有不符合之处，就小心翼翼地加以掩饰。其他时候，只需装聋作哑、视而不见、不闻不问，人生就能安安稳稳地度过。

这些人都是"好人"，而且他们都知道自己的"弱点"，从没有狂妄的野心，只愿谨小慎微地活着。大家明白了吧？这才是我最讨厌的人。请再看一遍目录：

1. 经常面带笑容的人
2. 不忘感恩的人
3. 想看见大家高高兴兴的人
4. 总是积极面对生活的人
5. 为自己的工作感到"自豪"的人
6. 注重"分寸"的人
7. 一发生争吵就想立即制止的人
8. 说话含蓄的人
9. 说"我是个笨蛋"的人
10. 认为自己"人生无悔"的人

哎哟，光是这么写一遍也觉得讨厌！

黑格尔①（不知为什么我很讨厌他）认为：某句话是不是真理，并非取决于字面意思是否正确，而关键要看说这句话的人有过多少呕心沥血的"经验"。用我的话来说，就是要看他如何勤奋地、坚持不懈地"用身体进行思考"。

人明明如此复杂，却要把他们锁进小小的抽屉里，而且强制性地总结出"好人"的规范，接下来只需雷打不动地遵循到底。为什么呢？因为只要总结出"不忘感恩""总是积极面对生活"……接下来不管人生发生什么事情，都可以视若无睹，无须再思考了。

这次出版得到了新潮社秋山洋也先生一如既往的关照，非常感谢。

最后，列出100个我最讨厌的词语（尽量不和本书内容重复）：

妥协、希望、欺骗、调整、欺瞒、自欺、弱者、适可而止、

---

①黑格尔（1770—1831）：德国哲学家，德国古典哲学的集大成者。

稳妥、感觉迟钝、不自觉、没感觉、不在乎、暗中策划、圆滑、本分、原则、达观、懒惰、惰性、一团和气、安稳无事、和谐、幸福、和善、体谅、稳健、道德、伦理、善人、平凡、寻常、常识、普通、日常、家庭、家人、乡土、杂乱、混沌、清浊能容、四平八稳、安宁、安心、无视、温情、权宜之计、浅薄、敷衍了事、彼此彼此、平庸、大众、没教养、无知、胆怯、公司、社会、体面、加油、大家、团结、一本正经、感谢、恩、义理、规矩、像样、自豪、荣誉、前后矛盾、隐瞒、自卫、事先沟通、沉默寡言、花言巧语、吹捧、追随、奉承、社交辞令、迎合、人云亦云、漂亮话、旧习、虚饰、形式主义、得过且过主义、政府机关、良知、说教、仪式、致辞、千篇一律、中庸、协调性、耿直、木讷、踏实、善意的谎言、没办法、成熟的想法。

2005 年 9 月 25 日
秋风吹入我心
中岛义道

出版后记

人类是群居动物。

我们在乎他人对自己的看法，遵从普遍的社交规则，接受集体的价值标准，极力掩盖和大家不一样的地方，这些表现无不是因为我们想融入群体之中。所以，很多人会放弃批判性思考，做一个大家眼中的"好人"，安心让群体的思想主宰自己的意识，以保证自己在群体之中的利益得到最大化实现。毕竟，在群体之中，最轻松安全的生存方法就是和大多数人说相同的话，和大多数人保持相同的感受。

这本无可厚非。

但是，日复一日，面具戴久了便无法再摘下来，屈从于大众的习惯渐渐磨灭了心中的真实自我，长久的放弃思考最终使越来越多的"好人"趋向于"脑死亡"，他们装聋作哑、谨小慎微、拒绝反思、只求安稳。

对此，"战斗的哲学家"中岛义道却保持着清醒的思维，他诘问大众："为什么要放弃自我思考的机会？为什么要迎合大家粉饰太平？为什么不能勇于面对现实？"他将自己对"好人"现象的哲思集合成书，直言不讳地点出了 10 种最受现代人普遍欢迎却对自身和社会毫无益处的"好人"，认为他们在面对事物时缺乏个人独特的感觉和思考。安之若素，无异于对自己不负责任，浑浑噩噩地度过本应有趣的一生。书中言辞犀利但不失幽默，在敲响警钟的同时，可以帮助人们重拾自我思考的勇气。

思考虽难，却是每个人真正存在于世间的基础，因此无论是非曲直，都应在心中有自己的准绳和见解。

服务热线：133-6631-2326   188-1142-1266
服务信箱：reader@hinabook.com

后浪出版公司
2017 年 7 月

图书在版编目（CIP）数据

我讨厌的 10 种好人 /（日）中岛义道著；黄悦生译.
-- 北京：文化发展出版社，2017.11
ISBN 978-7-5142-1851-0

Ⅰ.①我… Ⅱ.①中…②黄… Ⅲ.①社会心理学－通俗读物 Ⅳ.① C912.6-0

中国版本图书馆 CIP 数据核字 (2017) 第 153524 号

WATASHI NO KIRAINA 10 NO HITOBITO
By YOSHIMICHI NAKAJIMA
© 2006 YOSHIMICHI NAKAJIMA
Original Japanese edition published by SHINCHOSHA PUBLISHING CO.
Chinese (in simplified character only) translation rights arranged with
SHINCHOSHA PUBLISHING CO. through Bardon-Chinese Media Agency, Taipei.

本书中文简体版权归属于银杏树下（北京）图书有限责任公司。

版权登记号：01-2017-5319

我讨厌的 10 种好人

[日] 中岛义道 / 著　　黄悦生 / 译

选题策划：	后浪出版公司		
出版统筹：	吴兴元	编辑统筹：	王　顿
特约编辑：	俞凌波	责任编辑：	肖贵平　罗佐欧
营销推广：	ONEBOOK	装帧制造：	7 拾 3 号工作室

出　　版：	文化发展出版社（北京市翠微路 2 号　　邮编：100036）
网　　址：	www.wenhuafazhan.com
经　　销：	各地新华书店
印　　刷：	北京京都六环印刷厂
开　　本：	889mm×1194mm　　1/32
字　　数：	107 千字
印　　张：	7.25
版　　次：	2017 年 11 月第 1 版　　2017 年 11 月第 1 次印刷
定　　价：	36.00 元
ＩＳＢＮ：	978-7-5142-1851-0

后浪出版咨询(北京)有限责任公司常年法律顾问：北京大成律师事务所　周天晖 copyright@hinabook.com
未经许可，不得以任何方式复制或抄袭本书部分或全部内容
版权所有，侵权必究

本书若有质量问题，请与本公司图书销售中心联系调换。电话：010-64010019

《不做》

著　　者：[日]辻信一
译　　者：朱悦玮
出版时间：2016 年 8 月
书　　号：978-7-210-08307-8
定　　价：36.00 元

人生有多少事非做不可呢？
不做也许会更幸福！

　　当代社会，"快速"正在主导我们的价值观，我们所有的精力都倾注在如何将事情做得"更快""更好"上，我们疲于奔命，我们渐渐透不过气……而"不做"正是我们为了解放自己而创造的生活宣言。

　　练习"不做"，感受"不做"为生活带来的美好。本书用另一种方式、另一种态度，呈献给你"不做"的美好生活提案。

内容简介

　　"过剩"是当今这个社会的特征。现代社会的节奏也变得越来越快，每个人的记事本上面写满了"要做"的事项。殊不知，我们在记事本上面划掉一项完成的事的同时，也会添加更多"要做"的事。日复一日，"要做的事"像滚雪球一样越积越多，压得我们无法喘息。我们应该在"要做"的事的旁边，建立一个"不做"的列表。它正好与"要做"的事情相反，上面写满了不做的事情。比如，"不戴手表"，不必每天都匆匆忙忙，用心去感受时间的流逝；"不使用一次性筷子"，随身携带一双自己专属的筷子，为保护环境做一份小小的贡献，等等。由此来慢慢享受生活，让自己变得更加幸福。

著者简介

　　辻信一，文化人类学者，环境活动家，明治学院大学国际学部教员，自称树懒教授。他在以"慢生活""国民总幸福量""烛光之夜"等为关键词展开环境与文化运动同时，还提倡与环境共生型的"慢工作"。东日本大地震之后，展开"开创 POST 3·11"的活动。著有《慢，理想的生活提案》等。